꿈꾸는 세상

메타버스 제페토

차례 CONTENTS

START 빌드잇 00   메타버스 제페토

CREATE 빌드잇 01   꿈꾸는 메타버스 주민

01 메타버스 속 나의 모습 꾸미기··· 14
02 나만의 스타일 자랑하기··· 19
03 제페토랑 친해지기··· 24
04 제페토에서 친구 만들기··· 28

CREATE 빌드잇 02   이끄는 인플루언서

05 숏폼 챌린지 참여하기··· 34
06 포토부스에서 우정샷 찍기··· 38
07 카메라로 멋진 영상 만들기··· 42
08 이야기로 '툰' 만들기··· 46

CUSTOMIZE 빌드잇 03   빛나는 패션 디자이너

제페토 스튜디오 알아보기··· 52
09 옷(티셔츠) 디자인하기··· 56
10 액세서리 디자인하기··· 60
11 신발 디자인하기··· 64
12 외투 디자인하기··· 70

CUSTOMIZE 빌드잇 04　　행복한 가든 디자이너

13 '동물의 숲'으로 꾸미기… 76
14 '겨울 왕국'으로 꾸미기… 82
15 불꽃 '화산 지대'로 꾸미기… 88
16 신나는 '놀이공원'으로 꾸미기… 94

CUSTOMIZE 빌드잇 05　　단단한 인테리어 디자이너

17 핼러윈 파티 룸 인테리어하기… 100
18 음악 카페 인테리어하기… 106
19 콘서트 무대 인테리어하기… 112
20 사진 전시관 인테리어하기… 118

PLAY 빌드잇 06　　즐거운 게임 개발자

21 [초급] 점프 게임 맵 개발하기… 124
22 [고급] 점프 게임 맵 개발하기… 130
23 장애물 달리기 게임 맵 개발하기… 136
24 자동차 경주 게임 맵 개발하기… 142

나만의 꿈꾸는 세상 '제페토' 정보

메타버스 '제페토'에서의 활동 계획과
활동 내용을 써 볼까요?

제페토 주민이 된 날짜는?

◉ 메타버스 제페토 - 또 다른 '나'

아바타 이름

나이

가장 친한 친구

가장 좋아하는 아이템

'제페토'에서 이루고 싶은 꿈

◉ 쏙쏙! 관심이 가는 곳에 체크해 보세요.

'나'는 전문가
- ☐ 게임
- ☐ 건축
- ☐ 인테리어
- ☐ 사진작가
- ☐ 정원사
- ☐ 패션
- ☐ 스포츠
- ☐ 가수
- ☐ 선생님

앞으로 '나'는
- ☐ 유명인이 되어 친구를 많이 만들 것입니다.
- ☐ 패션 디자이너가 될 것입니다.
- ☐ 포토부스를 여러 개 만들 것입니다.
- ☐ 신나는 게임 맵을 만들 것입니다.
- ☐ 건축가가 될 것입니다.
- ☐ 가수가 될 것입니다.
- ☐ 다양한 콘텐츠 개발자가 될 것입니다.
- ☐ 학교를 만들 것입니다.
- ☐ 코인을 열심히 모을 것입니다.

START
빌드잇 00

메타버스
제페토

메타버스에
대해 알아볼까요?

메타버스에 대해 이해하고,
메타버스의 종류에 대해 알아보아요.
꿈꾸는 세상 메타버스로 출발!

이프랜드

게더타운

제페토

메타버스를 소개해요

우리 생활에 스며든 메타버스에 대해 알아보고, 그 쓰임과 종류를 살펴보기로 해요. 그리고 행복하고 안전한 미래를 만들기 위해 사용될 도구인 '메타버스 제페토'로 들어가는 방법을 알아보고, '빌드잇'에서 만든 '월드'를 구경해 보아요.

◎ 메타버스란?

메타버스라는 용어는 1992년 출간된 미국 SF 소설 『스노 크래시(Snow Crash), 닐 스티븐슨』에서 처음 등장했어요. 이 소설의 주민들은 '아바타'라는 가상의 모습으로 '메타버스'라는 가상 현실 세계에 접속해서 활동을 해요. 메타버스에서는 자신이 원하는 모습으로 변신을 할 수 있고, 원하는 건축물을 만들 수도 있어요. 영화 <용과 주근깨 공주>의 이야기 또한 가상 현실 세계의 이야기를 다루고 있어요.

노래하는 것을 좋아했던 '스즈'는 어린 시절 사고로 엄마를 잃은 후 더 이상 노래할 수 없게 되었어요. 내성적인 10대 소녀로 자란 '스즈'는 어느 날, 전 세계 50억 명을 돌파한 메타버스 공간 'U'에 접속을 해요. 이곳에서 '스즈'는 신비로운 가수 '벨'로 다시 태어나는데요. 마음을 위로하는 목소리로 엄청난 인기를 얻어 순식간에 세계적인 스타가 되지요.

여러분이 좋아하는 <모여봐요 동물의 숲>, <마인크래프트> 게임도 아바타를 빌려 건축, 사냥, 농사, 회로 설계 등의 활동을 하니 '메타버스'라고 부를 수 있어요. '코로나 19'로 인해 졸업식 행사를 할 수 없었던 UC 버클리 학생들은 마인크래프트 서버에 캠퍼스를 만들어 졸업식을 열기도 했지요.

메타
META
(초월, 가상)
＋
유니버스
UNIVERSE
(현실 세계)
＝
현실과 가상 세계가 공존하는 디지털 세상
메타버스
METAVERSE
(3차원 가상 세계)

메타버스는 인터넷[모바일]이라는 공간(또 하나의 현실)에서 '나'를 대신하여 표현하는 아바타를 통해 현실과 비슷한 경험을 할 뿐만 아니라 현실에서 불가능한 것까지도 경험할 수 있게 해 주는 서비스입니다.

◎ 메타버스의 매력은 무엇일까요?

지금 우리는 '코로나 19'로 인해 상황에 따라 온라인에서 학교 수업을 진행하고 있습니다. 실제 학교에서 수업을 할 경우에는 친구들과 쉬는 시간에 이야기를 나누며 함께 즐거운 시간을 보낼 수도 있는데요. 온라인 수업을 할 경우에는 다양한 활동을 하며 서로 어울리는 일은 할 수 없지요. 이러한 문제는 메타버스를 통해 해결될 수 있습니다.

메타버스는 실제 현실과 같은 활동을 할 수 있다는 특징이 있어 대화를 주고받으며 모임을 갖는 등의 활동을 할 수 있지요. 화상 수업과 달리 서로 어울릴 수 있다는 것이 가장 큰 매력이라고 할 수 있어요.

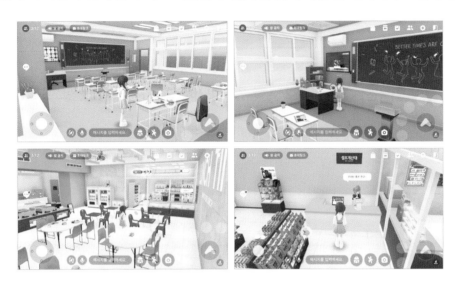

'나'와 닮은 나만의 아바타가 메타버스(가상 현실) 속 학교에 등교를 하고, 수업 시간에 발표 진행도 할 수 있습니다. 또한 친구들과 다양한 활동을 하며 어울릴 수도 있어요. 실제로 학교에 등교해서 활동하는 것과 같이 말이죠.

메타버스는 이용자가 현실과 비슷한 공간을 직접 만들 수 있기 때문에 친구들과 교실에서만 어울릴 수 있는 것이 아니라 체육관이나 운동장, 식당 등 여러 공간을 함께 둘러 볼 수도 있습니다. 메타버스 속에서 친구들과 만나 함께 웃고 소통하면서 학교에 등교하지 못하는 아쉬움을 달랠 수 있게 되었지요.

메타버스를 이용하려면 준비물이 필요하답니다. 친구들과 상호작용[어울리기]을 하기 위해 캠과 마이크, 스피커, 컴퓨터 또는 스마트폰 등이 필요해요. 준비물이 없을 경우 친구들의 목소리를 들을 수 없거나 나의 모습을 친구들에게 보여 줄 수 없어요. 메타버스에서 친구들과 함께 즐거운 시간을 보낼 수 있도록 필요한 준비물을 잘 챙기는 게 좋겠지요?

◎ 메타버스의 종류에 대해 알아볼까요?

메타버스 플랫폼에는 제페토, 로블록스, 게더타운, 마인크래프트, 동물의 숲, 이프랜드, 싸이월드 제트, 페이스북 호라이즌, 포트나이트 등이 있어요.

▶ 이프랜드

모임이 중심이 되는 '이프랜드'는 다른 메타버스에서처럼 공간을 이곳저곳으로 옮겨다니지 않아요. 커뮤니케이션이 중심이 되는 공간이랍니다.

▶ 게더타운

8비트 픽셀 아바타를 지원하는 '게더타운'은 놀이와 모임이 모두 가능한 형태의 메타버스예요. '제페토'처럼 공간을 직접 꾸밀 수도 있고, '이프랜드'처럼 모임을 할 수도 있어요. 자신의 아바타에 다른 아바타가 접근하면 캠 화면이 켜지면서 회의나 대화도 가능하고, 사회자가 행사나 게임을 진행할 수도 있어요. 그래서 여러 대학이나 회사에서 온라인 행사를 할 때에 게더타운을 많이 사용하고 있답니다.

▶ 로블록스

이용자가 직접 콘텐츠를 만들어 롤플레잉을 할 수 있도록 만들어져 있어요. 또한 다른 유저들이 만들어 놓은 탈출, 레이싱 등의 게임을 할 수도 있지요. 3D 게임들을 탐험하며 상상력을 개발하고, 게임도 직접 만들어, 친구들과 즐거운 시간을 보낼 수 있답니다.

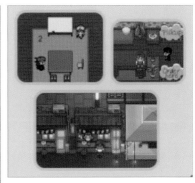

▶ 제페토

놀이가 중심인 '제페토'는 사진을 통해 가상 캐릭터를 자동으로 만들 수 있으며 자유롭게 커스터마이징이 가능해요. 친구들과 함께 소통하며 즐길 공간을 직접 만들 수 있고, 다양한 형태의 가상 공간으로 이동이 가능하답니다.

▶ 페이스북 호라이즌

가상 세계인 '호라이즌'에 참여해 아바타를 만들고, VR 헤드셋을 착용한 전 세계 유저와 소통하며 어울릴 수 있는 VR 소셜 미디어예요. 호라이즌에서는 자신만의 공간이나 게임을 만들 수 있는데요. 이렇게 만들어진 공간에서 다른 아바타 함께 어울리며 즐길 수도 있어요. 페이스북에서는 회의 등 업무처리를 할 수 있는 호라이즌 '워크룸스'도 출시했답니다.

▶ 포트나이트

100인 중 1인을 가려내는 서바이벌 슈팅 게임이에요. 이용자들이 게임 외의 요소들을 이용하여 다양하게 2차 콘텐츠를 만들 수 있어요. 맵 제작이 가능하고, 콘서트를 열 수도 있어서 미국 힙합 가수 '트래비스 스콧'은 포트나이트를 통해 45분간 콘서트를 진행하기도 했답니다.

◎ 제페토에 가입해 볼까요?

가장 멋있게 아바타를 만들어 자유롭게 커스터마이징할 수 있는 제페토를 경험해 보기로 해요.

01 '플레이 스토어 또는 앱 스토어'에서 제페토를 검색한 후 설치하고, 다음 순서에 따라 가입해요.

❶ '이용 약관'과 '개인 정보 수집 및 이용 동의'를 체크한 후 [동의합니다] 클릭

❷ 나만의 캐릭터 선택하고 [다음] 클릭

❸ 제페토에서 사용할 이름을 입력한 후 [다음] 클릭

❹ 생년월일을 선택하고 [확인] 클릭

❺ 미성년자의 경우 보호자 동의와 관련된 내용을 입력한 후 [확인] 클릭

❻ [다른 옵션 보기]를 클릭

❼ [이메일로 계속하기] 클릭

❽ 이메일 주소를 입력한 후 [다음] 클릭

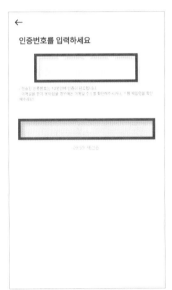

❾ 메일에 온 인증번호를 입력한 후 [다음] 클릭

❿ 제페토에서 사용할 아이디를 입력한 후 [다음] 클릭

⓫ 비밀번호 설정 후 [완료] 클릭

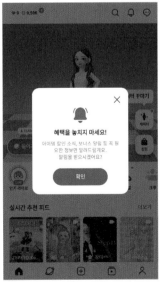

⓬ 로그인 확인

◎ '제페토 빌드잇'에 대해 알아볼까요?

01 '제페토 빌드잇'은 다양한 오브젝트와 지형 브러쉬를 제공하고 있어서 누구나 쉽게 상상하던 월드를 만들어 볼 수 있어요. 자신이 직접 만든 월드는 제페토 월드에 업로드할 수 있는데요. 이때 제페토의 심사를 거쳐 통과된 것만 업로드할 수 있답니다. 제페토 월드에 내가 만든 월드를 업로드하게 되면 친구를 초대할 수도 있어요. 하지만 심사에 통과하지 못한 월드에는 친구를 초대할 수 없답니다. 멋지게 월드를 만들어 친구를 초대해 볼까요?

02 제페토 빌드잇에서 제공하는 월드를 다음 그림을 통해 살펴보아요.

03 제페토 빌드잇에서 제공하는 지형과 오브젝트를 활용하여 다양한 월드를 만들 수 있어요.

[핼러윈 파티]

[크리스마스 파티]

[자동차 여행]

[즐거운 학교]

CREATE
빌드잇 01

꿈꾸는
메타버스 주민

꿈이 이루어지는
제페토에 가자!

'나'를 닮은 캐릭터인 아바타를 만들어
제페토 월드에 놀러 가 볼까요?
친구와 함께 대화도 하고 사진도 찍어 자랑하는 등
함께 어울리며 행복한 주민이 되어 보아요.

01 나의 모습 꾸미기

02 나만의 스타일 자랑하기

03 제페토랑 친해지기

04 제페토에서 친구 만들기

메타버스 속 나의 모습 꾸미기

01

메타버스에는 다양한 개성을 가진 친구들이 매력을 뿜뿜 뿜어내며 활동하고 있어요. 메타버스에서는 누구보다도 빛나는 매력을 가진 '나'의 모습을 만들 수 있기 때문이랍니다. 나만의 개성이 잘 나타나 있는 캐릭터를 만들어 볼까요?

1 로그인하기

01 녹스 플레이어를 실행한 후 [제페토]에 접속해요.

02 [제페토]가 실행되면 [로그인] 버튼을 클릭해요.

03 [이메일 또는 아이디]를 클릭하여 아이디와 비밀번호를 입력하고 [완료] 버튼을 클릭해요.

04 'DAILY BONUS' 창이 열리면 [X]를 클릭해서 창을 닫아요.

메타Tip **로그인하는 방법**

로그인할 때에 계정 이름을 확인하고, 자신의 계정이 아닐 경우에는 [다른 계정 사용하기] 버튼을 이용해 로그인합니다.

01 '나'의 모습을 꾸미기 위해 [캐릭터]를 클릭해요.

02 [캐릭터] 편집 창이 열리면 [얼굴(👤)] 버튼을 클릭해요.

🚐 **Tip** ▶ 퀘스트 보상받기

CC 100	캐릭터 > 얼굴에 가 보자	보상받기
CC 100	캐릭터 > 패션을 방문해 봐 AD 건너뛰기	바로가기

· 퀘스트의 보상은 코인과 아이템 등으로 받을 수 있습니다. 제페토 [홈(🏠)]-[퀘스트(◉)]-[보상받기(보상받기)] 버튼을 클릭하여 받도록 합니다.

03 체형, 얼굴, 눈, 코, 입 등을 선택한 후 [저장(저장)] 버튼을 클릭해요.

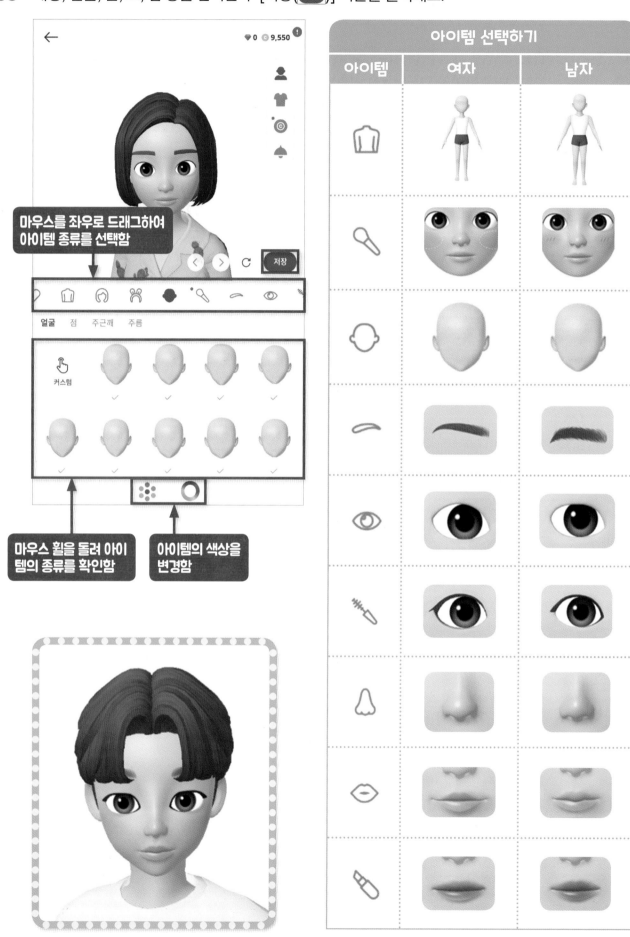

아이템 선택하기		
아이템	여자	남자

마우스를 좌우로 드래그하여
아이템 종류를 선택함

마우스 휠을 돌려 아이
템의 종류를 확인함

아이템의 색상을
변경함

04 [옷(👕)] 버튼을 클릭한 후, 가지고 있는 코인으로 구입할 수 있는 아이템을 선택해요.

아이템	여자	남자
👕	ⓒ 2,650	ⓒ 2,550
👢	ⓒ 880	ⓒ 650
👟	ⓒ 1,880	ⓒ 1,850
💇	ⓒ 3,500	ⓒ 1,950

🪐 **메타Tip**   알아두기

· 🎴 젬이 표시된 아이템은 젬을 구매한 후 사용할 수 있으므로 선택하지 않도록 합니다.
· 🔒 자물쇠가 표시된 아이템은 광고를 본 후 사용할 수 있으므로 선택하지 않도록 합니다.

05 아이템 선택이 마무리되면 [구매]-[구매] 버튼을 순서대로 클릭해요.

06 나가기 [화살표(←)]를 눌러 [홈(🏠)]으로 이동해요.

이름을 바꾼 후 로그아웃하기

01 [프로필]-[프로필 편집]을 순서대로 선택한 후 프로필을 수정하고, [완료]를 클릭해요.

02 [설정]-[계정 관리]-[로그아웃]을 클릭해요.

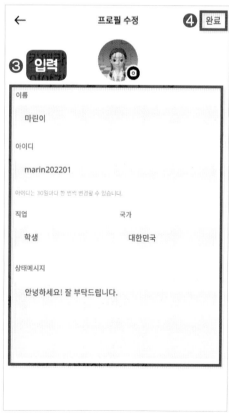

02 나만의 스타일 자랑하기

학습목표

▶ 퀘스트를 클릭하여 보상(코인)을 받습니다.
▶ 포즈와 배경을 선택해 봅니다.
▶ 나만의 스타일을 피드에 업로드해 봅니다.

SNS에 사진이나 영상을 업로드해 본 적이 있나요? SNS에서처럼 메타버스에서도 게시물을 업로드하여 나만의 스타일을 공유하고 자랑할 수 있어요. 매력적인 다양한 포즈를 선택하여 나만의 스타일로 뽐내 볼까요?

 1 포즈 선택하기

01 녹스 플레이어를 실행한 후 [제페토]에 접속해요.

02 [제페토]가 실행되면 [로그인] 버튼을 클릭해요.

03 [이메일 또는 아이디]를 클릭하여 아이디와 비밀번호를 입력하고 [완료] 버튼을 클릭해요.

04 'DAILY BONUS' 창이 열리면 [X]를 눌러 창을 닫고, 포즈를 선택하기 위해 [스타일(⟓)]을 클릭해요.

Tip 알아두기

퀘스트를 클릭하면 퀘스트(수행 임무)에 대한 보상을 코인으로 받을 수 있습니다.

05 [만들기(⊕)]를 클릭하여 '포즈' 창이 나타나면 미리 선택되어 있는 포즈를 해제해요.

06 [포즈 더보기]를 클릭하여 다음과 같이 포즈 4개를 선택해요.

 **메타Tip** ▷ **포즈 보는 방법**

[포즈 더보기]를 클릭한 후, 마우스 휠을 사용하여 아래로 내리면 여러 가지 포즈가 많이 나타납니다.

Tip ▷ **포즈 선택하기**

포즈는 여자, 남자 캐릭터 모두 같습니다. 남자 캐릭터인 경우에도 제시된 그림과 같은 포즈를 선택할 수 있습니다.

>>>>>>>>

배경 선택하기

01 [배경 선택(⊞)] 버튼을 클릭한 후, '배경 선택' 창이 나타나면 마음에 드는 배경을 클릭해요.

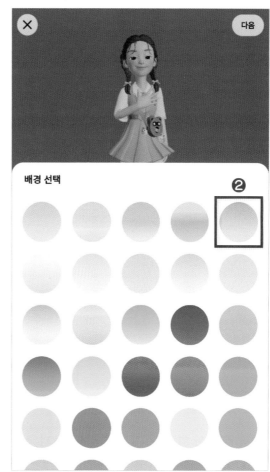

Tip 배경색 직접 설정하기

[색상표(◎)] 버튼을 클릭하여 원하는 배경색을 직접 선택한 후 [완료]를 클릭해요.

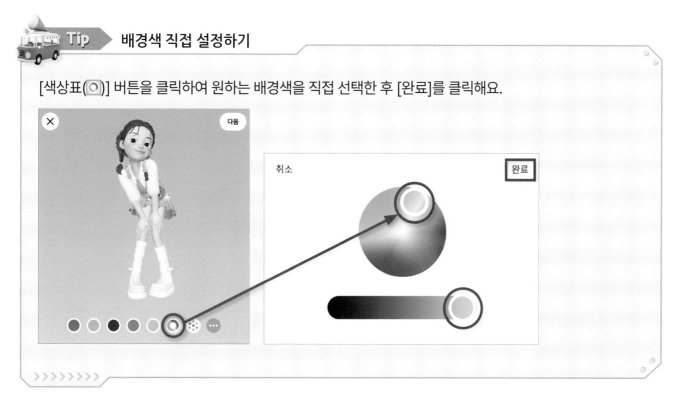

01 [다음] 버튼을 클릭한 후 남기고 싶은 말을 입력해요.

02 키워드를 [데일리룩]으로 선택한 후 [저장 후 피드에 올리기]를 체크하고, [올리기] 버튼을 클릭해요.

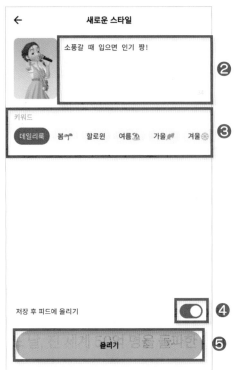

03 [이미지]를 클릭한 후 갤러리에 저장된 사진을 선택해요.

04 사진이 업로드되면 화살표를 클릭해요.

05 [게시] 창이 나타나면 사진에 대한 소개 글을 입력한 후 [완료] 버튼을 클릭해요.

06 [홈(🏠)]으로 이동한 후, [프로필]을 클릭하여 업로드된 게시물을 확인해요.

메타Tip 스타일 소개할 때의 주의 사항

같은 스타일의 옷은 한 번 이상 피드에 올릴 수 없습니다. 다른 스타일의 옷으로 변경한 경우에만 다시 피드에 올려 소개할 수 있습니다.

07 [설정]-[계정 관리]-[로그아웃]을 클릭해요.

Tip 로그아웃 하는 이유

여러 명이 함께 사용하는 컴퓨터에서 로그인 한 경우, 다른 사람이 사용하지 못하도록 [로그아웃]을 하는 것이 좋습니다.

03 제페토랑 친해지기

학습목표

▶ [월드]를 통해 '헬로월드'에 접속합니다.
▶ 가상패드를 설정하고 '헬로월드'를 구경해 봅니다.
▶ 메시지 창을 통해 친구와 이야기를 나누어 봅니다.

우리가 접속하는 메타버스 제페토는 3D 그래픽으로 만들어진 공간이에요. 입체적 환경을 마련해 놓은 제페토에서 재미있게 활동하려면 공간을 마음대로 잘 다룰 수 있어야 해요. 캐릭터가 이동하는 방법과 다양하게 움직이는 방법에 대해 알아보도록 해요.

1 '헬로월드'에 접속하기

01 녹스 플레이어를 실행한 후 [제페토]에 접속해요.

02 [제페토]가 실행되면 [로그인] 버튼을 클릭해요.

03 [이메일 또는 아이디]를 클릭하여 아이디와 비밀번호를 입력하고 [완료] 버튼을 클릭해요.

04 'DAILY BONUS' 창이 열리면 [X]를 눌러 창을 닫고, [월드]를 클릭한 후 [헬로월드]를 검색해요.

05 [헬로월드]가 나타나면 [헬로월드]-[플레이]를 순서대로 클릭해요.

메타Tip 보상

제페토 월드의 룸에 입장하면 1젬을 보상받을 수 있습니다.

2 헬로월드 구경하기

01 [가상 키(▣)]를 눌러 설정 창이 나타나면 [방향패드]를 클릭해요.

02 [방향패드]를 마우스로 드래그하여 왼쪽 버튼으로 이동한 후 같은 크기로 조절해요.

03 [단순 클릭]을 클릭하여 마우스로 드래그하여 오른쪽 버튼으로 이동한 후 Spacebar 키를 눌러요.

04 [저장] 버튼을 클릭한 후 '방향 키' W A S D 와 '점프 키' Spacebar 를 눌러 작동해 보아요.

Tip

• **가상 키 설정 주의**

가상 키의 위치를 잘못 설정할 경우 키보드를 눌러도 캐릭터가 반응하지 않을 수 있습니다. 이러한 경우에는 가상 키의 크기나 위치를 다시 설정하도록 합니다.

• **캐릭터 이동 방법**

W A S D 키를 사용하여 이곳저곳으로 이동할 수는 있지만, W A S D 키로 화면을 회전시킬 수는 없습니다. 화면을 회전시키고 싶은 경우에는 마우스 오른쪽 버튼을 클릭한 채 원하는 방향으로 드래그하면 됩니다.

05 [제스처(✳)] 버튼을 클릭하여 창이 나타나면 제스처를 각각 실행해 보아요.

🪐 **메타Tip**　**창 닫기**

[제스처(✳)]버튼이나 [닫기(✕)]를 누르면 창이 닫힙니다.

06 Ⓦ Ⓐ Ⓢ Ⓓ 키를 이용하여 소파 앞으로 이동한 후, Spacebar 키를 눌러 소파 위로 올라가요.

07 마우스로 드래그하여 소파가 잘 보이도록 화면을 회전시켜 보아요.

08 [제스처(✳)] 버튼을 클릭하여 [포즈]에서 [눕기2]를 선택해요.

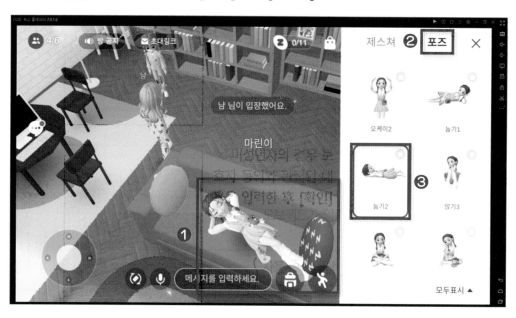

🪐 **메타Tip**　**포즈 바꾸기**

'소파 위에 눕기'에 실패했다면 Ⓦ Ⓐ Ⓢ Ⓓ 키로 위치를 다시 잡은 후, [제스처]-[포즈]-[눕기2]를 순서대로 눌러 봅니다.

친구와 이야기하기

01 소파에서 내려와 친구에게 다가가요.

02 [메시지를 입력하세요]를 클릭하여 '안녕'을 입력한 후 확인을 클릭해요.

03 이어서 친구와 여러 가지 대화를 나누어 보아요.

04 대화가 끝나면 [나가기( )]-[방 나가기]를 눌러 [헬로월드]에서 빠져나와요.

05 로그아웃을 하기 위해 [프로필]-[설정]-[계정 관리]-[로그아웃]을 클릭해요.

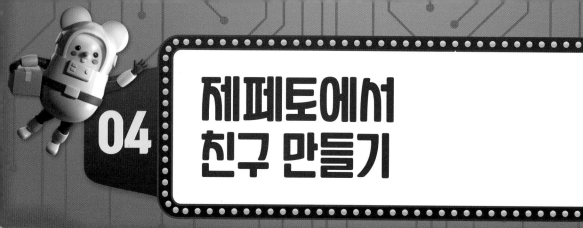

04 제페토에서 친구 만들기

학습목표

▶ '포토부스'에 접속합니다.
▶ 메시지 창과 마이크를 켜서 친구와 대화해 봅니다.
▶ 친구와 사진을 찍어 봅니다.
▶ 참여자를 확인한 후, 친구를 팔로우 해 봅니다.

제페토에서는 현실에서처럼 친구와 이야기하거나 함께 여행을 떠날 수도 있어요. 친구와 함께 활동하려면 우선 친구가 있어야겠죠? '포토부스'에 놀러가 친구를 사귄 후, 다양한 배경과 포즈로 사진을 찍어 보아요.

1 '포토부스'에 접속하기

01 녹스 플레이어를 실행한 후 [제페토]에 접속해요.

02 [제페토]가 실행되면 [로그인] 버튼을 클릭해요.

03 [이메일 또는 아이디]를 클릭하여 아이디와 비밀번호를 입력하고 [완료] 버튼을 클릭해요.

04 'DAILY BONUS' 창이 열리면 [X]를 눌러 창을 닫고, [월드]를 클릭한 후 [포토부스]를 검색해요.

05 [포토부스]가 검색되면 [포토부스]-[플레이]를 순서대로 클릭해요.

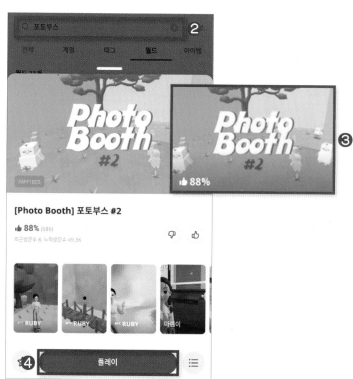

2 메시지 창과 마이크로 친구와 이야기하기

01 W A S D 키와 Spacebar 키와 마우스를 이용하여 병아리가 있는 부스로 이동해요.

02 친구가 다가오면 [메시지를 입력하세요.]를 클릭하고 '안녕'을 입력하여 친구에게 인사해 보아요.

03 [마이크(🎤)] 버튼을 클릭하여 친구와 음성으로 대화해 보아요.

04 대화가 끝나면 다시 [마이크(🎤)] 버튼을 클릭하여 마이크를 꺼요.

Tip 개인정보에 주의

· 음성 대화나 채팅, 팔로우는 친구가 아닌 사람과는 하지 않습니다.
· 메타버스에서는 모르는 사람과 개인정보(이름, 전화번호, 주소, 가족관계, 위치 정보 등)를 공유하지 않도록 합니다.

3 **친구와 함께 사진 찍기**

01 아래쪽에 있는 [카메라(📷)] 버튼을 클릭해요.

02 [셀프] 버전을 클릭한 후 사진을 촬영을 클릭해요.

03 사진이 촬영되면 [피드에 올리기] 버튼을 클릭한 후 [X]를 눌러 창을 닫아요.

04 다시 [X]를 눌러 카메라를 꺼요.

메타Tip **기능 확인하기**

· 저장 : 찍은 사진을 갤러리에 저장합니다.
· 자랑하기 : 찍은 사진을 주변에 있는 친구들에게 자랑합니다.
· 공유 : 찍은 사진을 공유합니다.

친구를 팔로우 해 보기

01 왼쪽 상단에 [참여자(👥)] 버튼을 클릭해요.

02 팔로우할 친구의 이름을 찾아 클릭해요.

03 친구의 소개창이 열리면 [팔로우]를 클릭해요.

04 친구와 여러 공간을 구경하며 사진을 찍어 보아요.

05 '포토부스' 구경이 끝나면 [나가기(⬜)]-[방 나가기]를 눌러 [포토부스]에서 빠져나와요.

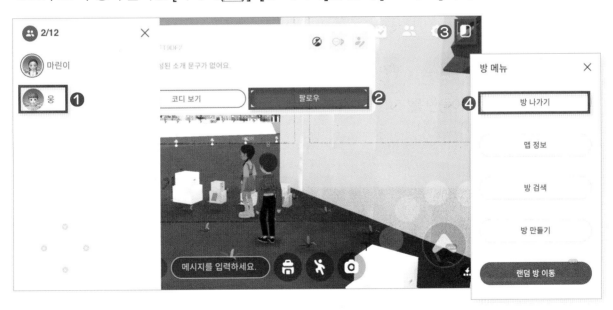

06 [프로필]-[설정]-[계정 관리]-[로그아웃]을 클릭하여 로그아웃해요.

 **Tip** 팔로우한 친구와 할 수 있는 일

팔로우한 친구와 함께 챌린지, 사진, 댄스 장면 등을 촬영할 수 있습니다.

나만의 꿈꾸는 세상
'제페토' 월드

앞으로 펼쳐질 나만의 월드를 스케치해 볼까요?

이끄는 인플루언서

제페토에서 '나'는 인기 스타!

친구와 찍은 사진, 챌린지 숏폼 영상,
댄스 영상 등을 촬영해요.
그리고 멋지게 꾸민 후 피드에 업로드해서
인플루언서가 되어 보아요.

05 챌린지 참여하기

06 우정샷 찍기

07 영상 만들기

08 툰 만들기

05 숏폼 챌린지 참여하기

학습목표

▶ '포토부스'에서 마음에 드는 '챌린지'를 선택해 봅니다.
▶ 챌린지를 함께할 멤버와 배경을 선택해 봅니다.
▶ 소개글을 작성한 후, 피드에 업로드해 봅니다.

숏폼 영상 플랫폼인 '틱톡'에서처럼 제페토에서도 챌린지를 할 수 있어요. 제페토에서 인플루언서가 되기 위해 다양한 챌린지에 참여해 볼까요? 우후~ 신나는 챌린지 영상을 완성하여 피드에 업로드해 보기로 해요.

 챌린지 선택하기

01 녹스 플레이어를 실행한 후 [제페토]에 접속해요.

02 [제페토]가 실행되면 [로그인] 버튼을 클릭해요.

03 [이메일 또는 아이디]를 클릭하여 아이디와 비밀번호를 입력하고 [완료] 버튼을 클릭해요.

04 'DAILY BONUS' 창이 열리면 [X]를 클릭한 후 [만들기]를 클릭해요.

05 '만들기' 창이 열리면 [챌린지]에서 마음에 드는 챌린지를 클릭해요.

 Tip　알아두기

챌린지의 종류는 다양한 스타일로 변경되어 나타나므로, 화면에 나타난 챌린지 중에 마음에 드는 것을 선택하도록 합니다.

2 챌린지를 함께할 멤버 선택하기 >>>

01 [멤버]를 클릭한 후 미리 선택되어 있는 멤버를 클릭하여 선택을 해제해요.

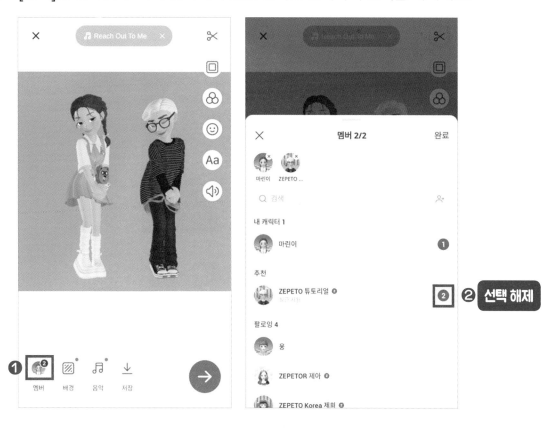

02 이어서 원하는 멤버를 선택한 후 [완료]를 클릭하고 적용된 모습을 확인해요.

챌린지 배경 선택하기 >>>>

01 [배경()]을 클릭하여 다양한 스타일의 배경을 적용시켜 본 후, 가장 마음에 드는 배경을 선택해요.

메타Tip **편집 툴 확인하기**

다음 편집 도구를 활용하여 챌린지 영상을 편집할 수 있어요.

✂	영역 자르기
▢	화면 비율 선택
⊗	필터 변경
☺	이모티콘 추가
Aa	텍스트 입력
🔊	볼륨 조절

02 적용된 배경이 마음에 들지 않을 경우 다시 [배경]을 클릭하여 바꿀 수 있어요.

4 피드에 올리기

01 [업로드(➡)]를 클릭한 후 게시창이 열리면 챌린지 소개 글을 작성해요.

02 챌린지가 검색되도록 해시태그를 클릭하여 태그를 입력한 후, [완료]를 클릭해요.

03 [프로필]이나 [피드]-[팔로잉]에서 업로드한 챌린지를 확인해요.

06 포토부스에서 우정샷 찍기

학습목표

▶ 친구와 다정한 모습을 표현하며 우정샷을 찍어 봅니다.
▶ 필터 효과로 촬영한 사진을 꾸며 봅니다.
▶ 해시태그를 사용하여 소개글을 작성하고, 사진을 피드에 업로드해 봅니다.

포토부스에서 사진을 찍어본 적이 있나요? 실제 우리 주변 곳곳에 위치한 포토부스에서는 안경, 가발 등의 액세서리를 착용하고 기계장치를 이용해 스스로 사진을 찍을 수 있는데요. 제페토에서도 팔로우한 친구와 함께 재미있게 사진을 촬영하고, 꾸며서 피드에 업로드할 수 있답니다.

 친구와 다정하게 우정샷 찍기　　　　　　　　　　　　　　　>>>>

01 녹스 플레이어를 실행한 후 [제페토]에 접속해요.

02 [제페토]가 실행되면 [로그인] 버튼을 클릭해요.

03 [이메일 또는 아이디]를 클릭하여 아이디와 비밀번호를 입력하고 [완료] 버튼을 클릭해요.

04 'DAILY BONUS' 창이 열리면 [X]를 클릭한 후 [캐릭터]-[포토부스]-[필터(⚙)]-[우정샷]-[적용]을 클릭해요.

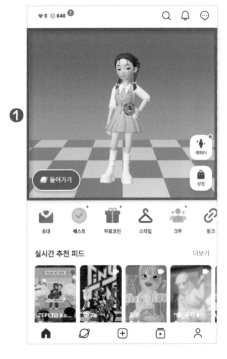

05 [우정샷]에서 마음에 드는 포즈를 선택한 후 [멤버]를 클릭하여 선택되어 있는 멤버를 해제해요.

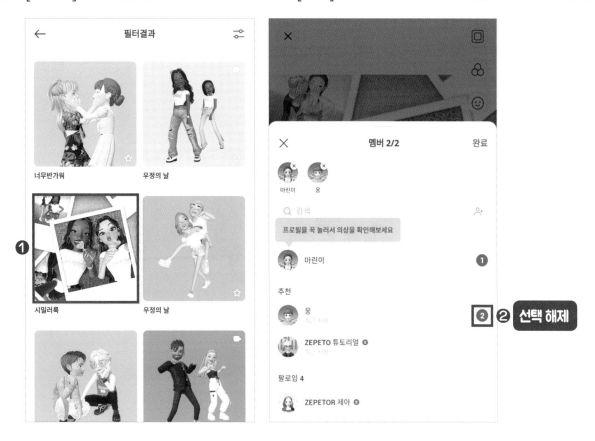

06 이어서 함께 사진을 찍을 친구를 선택한 후 [완료]를 클릭해서 적용된 모습을 확인해요.

01 [필터(⛋)] 버튼을 클릭하여 사진에 어울리는 필터를 선택한 후, 하단의 [접기(⌄)] 버튼을 클릭해요.

02 [이모티콘(☺)] 버튼을 클릭한 후, [귀여운] 탭에서 마음에 드는 이모티콘을 선택해요.

03 사진에 이모티콘이 추가되면 이모티콘을 드래그하여 원하는 위치로 이동시켜요.

메타Tip 이모티콘 찾는 방법

[귀여운] 탭에서 마우스 휠을 아래쪽으로 돌리면 다양한 모양의 이모티콘을 확인할 수 있습니다.

3 편집한 사진을 피드에 업로드하기 >>>>

01 [업로드(⊙)] 버튼을 클릭한 후 게시창이 열리면 우정샷의 소개 글을 작성해요.

02 우정샷이 검색되도록 [해시태그(# 해시태그)]를 클릭하여 태그를 입력한 후 [완료]를 클릭해요.

메타Tip

해시태그 검색은 [피드]에서 가능합니다.

03 [프로필]이나 [피드]-[팔로잉]에서 업로드한 우정샷을 확인해요.

07 카메라로 멋진 영상 만들기

학습목표

▶ 카메라를 통해 다양한 댄스 동작을 영상에 담아 봅니다.
▶ 다양한 음악을 들어본 후 영상에 음악을 추가해 봅니다.
▶ 영상을 '피드'에 업로드한 후 확인해 봅니다.

제페토에서는 [카메라]를 통해 촬영을 할 수 있어요. 동영상의 녹화 버튼을 눌러 무대를 만들고, 멋있는 댄스 동작과 음악을 선택하여 '나'를 돋보이게 꾸며 보세요. 댄스 영상이 멋있다면 팔로우도 늘어나고, 팔로우가 늘어나면 메타버스에서 인플루언서가 될 수도 있답니다.

 ## 영상에 다양한 댄스 동작 담기

01 녹스 플레이어를 실행한 후 [제페토]에 접속해요.

02 [제페토]가 실행되면 [로그인] 버튼을 클릭해요.

03 [이메일 또는 아이디]를 클릭하여 아이디와 비밀번호를 입력하고 [완료] 버튼을 클릭해요.

04 'DAILY BONUS' 창이 열리면 [X]를 클릭한 후 [만들기]-[카메라]를 클릭해요.

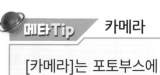

메타Tip 　카메라

[카메라]는 포토부스에 있는 다양한 포즈나 댄스를 이용하여 나만의 개성 있는 영상을 만들수 있는 메뉴입니다.

05 기본 캐릭터를 클릭한 후 드래그하면 나타나는 휴지통으로 드래그하여 삭제해요.

06 배경을 클릭하여 [공간] 탭에서 마음에 드는 무대를 선택한 후 위쪽에 적용된 배경을 클릭해요.

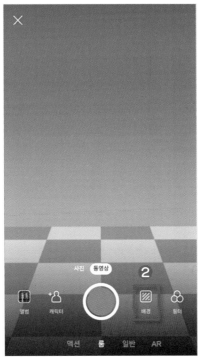

07 녹화 버튼을 클릭한 후 무대가 녹화될 때까지 끝까지 기다립니다.

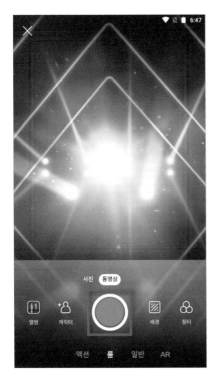
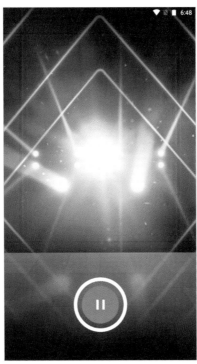

🪐 **메타Tip** **녹화할 때의 주의 사항**

녹화를 할 때에는 마이크를 끄거나 조용한 환경에서 녹화하는 것이 좋습니다. 만약 마이크가 켜져 있다면 주변 소리가 함께 녹음될 수 있으니 주의하세요.

08 [캐릭터]-[댄스]를 클릭한 후, 마음에 드는 댄스를 선택해요.

09 [재생바]를 추가된 [캐릭터] 끝 쪽으로 이동시킨 후, [추가] 버튼을 클릭해요.

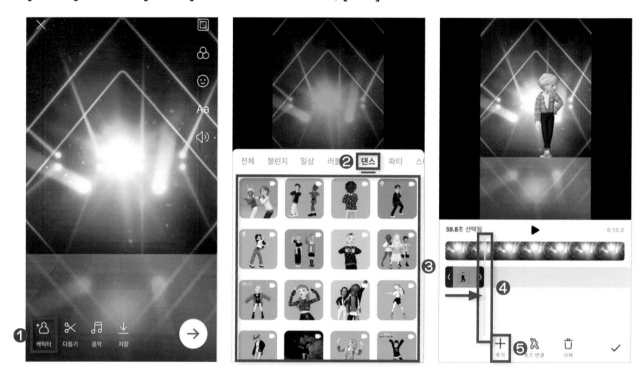

10 이어서 **08~09**와 같은 방법으로 [캐릭터] 댄스를 추가한 후 [체크(✓)] 버튼을 클릭해요.

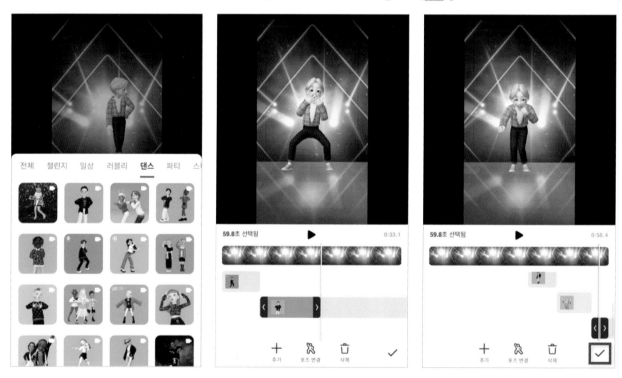

메타Tip 캐릭터를 추가할 때의 주의 사항

캐릭터를 추가할 때에는 먼저 추가한 캐릭터와 나중에 추가한 캐릭터가 겹치지 않도록 주의해요. 만약 캐릭터가 겹칠 경우 캐릭터의 양쪽의 [조절()] 버튼을 각각 드래그하여 위치를 조절해요.

영상에 음악 추가하기

01 [음악]을 클릭하여 다양한 음악을 들어본 후, 마음에 드는 음악을 선택해요.

02 선택한 음악의 [적용] 버튼을 클릭한 후, 다듬기 창이 나타나면 [>] 조절 버튼을 클릭한 채 오른쪽 끝으로 드래그하여 영상 길이와 동일하게 늘려요.

03 [체크(✓)]를 클릭하여 영상 편집을 끝냅니다.

피드에 업로드하기

01 [업로드(→)] 버튼을 클릭한 후 게시창이 열리면 소개 글을 작성해요. 추가로 해시태그를 입력하고 [완료]를 클릭해요.

02 [프로필]이나 [피드]-[팔로잉]에서 업로드한 영상을 확인해요.

이야기로 '툰' 만들기

학습목표

▶ '툰'을 만들기 위한 이야기를 완성시켜 봅니다.

▶ 이야기를 확인하고 배경, 캐릭터, 스티커로 장면을 만들어 봅니다.

▶ 장면으로 '툰'을 만들어 봅니다.

메타버스는 현실에서 경험할 수 없는 다양한 경험과 문화 활동을 할 수 있다는 특징이 있어요. 가수나 라이브 방송 BJ도 할 수 있고요. 툰 작가로도 활동할 수 있답니다. '툰'을 만드는 방법을 배워서 나만의 이야기를 담은 '툰'을 메타버스 제페토에 연재해 볼까요?

 이야기 완성하기

01 '툰'으로 만들기 위한 이야기를 완성해 보아요.

스토리

'마린이'는 친구인 '부코'와 자동차를 타고 바다에 놀러가기로 했어요. 여러 날이 지나고, 드디어 바다로 출발하기로 한 날이 되었어요. 그런데 약속한 시간이 지나도 '부코'가 나타나지 않아서 마린이는 많이 속상한 상태예요.

#1

(마린이는 함께 여행을 가기로 한 친구를 기다리고 있다.)

마린이 : 도대체 왜 안 오는 걸까?

#2

(친구를 기다리다 지친 마린이는 자동차가 있는 쪽으로 걸어간다.)

마린이 : 안 오면 나 혼자 가지 뭐….

#3

#4

장면에 배경 추가하기

01 녹스 플레이어를 실행하여 [제페토]에 접속한 후 [로그인] 버튼을 클릭해요.

02 [이메일 또는 아이디]를 클릭하여 아이디와 비밀번호를 입력하고 [완료] 버튼을 클릭해요.

03 'DAILY BONUS' 창이 열리면 [X]를 클릭한 후 [플레이]-[툰]-[MY]-[컷]-[컷 만들기]를 클릭해요.

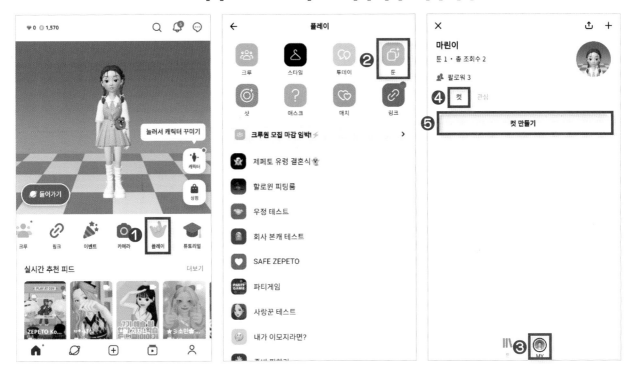

04 [배경(▨)]을 클릭하여 [여행]에서 자동차가 있는 배경을 선택한 후 [완료]를 클릭해요.

3 장면에 캐릭터 추가하기 ▶▶▶

01 자신의 캐릭터를 선택한 후, 앞에서 작성한 스토리에 어울리는 포즈를 선택해요.

02 배경에 캐릭터가 추가되면 캐릭터를 클릭해요. 이어서 [크기 조절(⊙)]을 드래그하여 캐릭터의 크기를 배경에 어울리도록 조절해요.

4 말풍선 추가하기 ▶▶▶

01 [말풍선(Aa)] 버튼을 클릭하여 생각하는 말풍선 모양을 선택하고 색상을 변경해요.

02 말풍선에 텍스트를 입력한 후 [확인체크(✓)] 버튼을 클릭해요.

03 배경에 추가된 말풍선을 클릭한 후 [크기 조절(⊙)] 버튼을 드래그하여 말풍선의 크기를 조절해요.

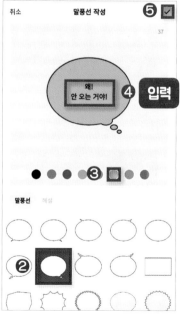

5 장면에 스티커 추가하기

01 [스티커(●)] 버튼을 클릭한 후 '복잡한 선 뭉치' 모양의 스티커를 선택해요.

02 배경에 추가된 스티커를 클릭한 후 [크기 조절(●)] 버튼을 드래그하여 스티커의 크기를 조절해요.

6 배경 스티커 추가하기

01 [배경 스티커(●)] 버튼을 클릭한 후, 가라앉은 기분을 나타내는 배경 스티커를 선택해요. 그리고 마우스로 드래그하여 알맞은 위치로 이동시켜요.

02 [다음(>)] 버튼을 클릭한 후 [공개하기] 버튼을 클릭하여 컷을 저장해요.

③ 이동

7 장면으로 툰 만들기 　　　　　　　　>>>>

01 앞에서 배운 방법과 같이 **#2~#4** 장면에 해당하는 3개의 컷을 더 완성해 보아요. 그리고 컷이 완성되면 저장한 후, [My]-[툰]-[툰 만들기]를 클릭해요. 이어서 툰에 추가할 컷을 순서대로 선택한 뒤 [다음(›)] 버튼을 클릭해요.

Tip　커버 컷

'커버 컷'이란 툰이 시작될 때 첫 번째로 보이는 이미지입니다. '툰'을 돋보이게 꾸미고 싶다면 툰의 제목을 넣은 커버 컷을 만들어 봅니다. 그리고 '툰 만들기'에서 1번으로 선택하도록 합니다.

>>>>>>>>

02 툰의 제목을 입력한 후 [공개하기]를 클릭하여 저장해요.

메타Tip　툰 확인하기

1. [홈]-[플레이]-[툰]-[최신]을 클릭하여 업로드된 툰을 확인해요.
2. [홈]-[플레이]-[툰]에서 툰의 제목을 검색하여 툰을 확인해요.

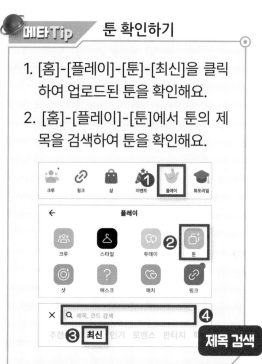

제목 검색

빛나는 패션 디자이너

제페토에서 '나'는 감각 있는 패션 전문가!

멋지고 빛나는 액세서리와 신발, 옷 등을
직접 디자인하여 만들 수 있는
패션 디자이너가 되어 보아요.

09 티셔츠

10 액세서리

11 신발

12 외투

00 제페토 스튜디오 알아보기

학습목표

▶ 제페토 스튜디오 로그인 방법을 알아봅니다.
▶ 제페토에서 패턴을 다운로드하는 방법을 알아봅니다.
▶ 제페토에 콘텐츠를 업로드하는 방법을 알아봅니다.
▶ '내 콘텐츠' 관리하는 방법을 알아봅니다.

제페토 스튜디오는 제페토에서 판매할 수 있는 옷이나 액세서리 등을 직접 디자인해서 업로드할 수 있는 공간입니다.

1 제페토 스튜디오 로그인 방법 알아보기

01 크롬에서 [제페토 스튜디오(https://studio.zepeto.me/kr)]에 접속해요.

02 오른쪽 상단의 [콘텐츠 관리]를 클릭하고, [전화번호·이메일]를 클릭하여 메일 주소와 비밀번호를 입력한 후 [로그인]을 클릭해요.

03 [환영합니다] 페이지가 열리면 프로필을 간단하게 작성한 후 [프로필 생성] 버튼을 클릭해요.

주의 사항

제페토 아이템에서 제작한 옷이나 액세사리는 판매가 가능하므로 [프로필 생성]할 때 전화번호 입력은 필수입니다.

메타Tip

제페토 스튜디오에서 로그인하면 '내 콘텐츠'를 만들 수 있는 페이지로 이동합니다.

패턴 디자인 다운로드하는 방법 알아보기

01 제페토 스튜디오 [내 콘텐츠] 창이 열리면 [만들기]-[아이템]을 클릭해요.

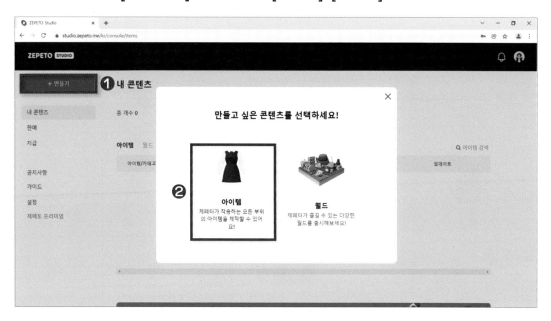

02 제작할 '옷' 스타일을 선택해요.

03 템플릿 에디터가 열리면 [템플릿 다운로드]를 클릭해요.

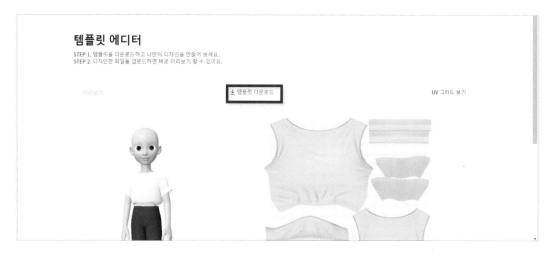

01 디자인을 완성한 후 [업로드하기]를 클릭하여 [열기] 창이 열리면 디자인한 패턴 파일을 선택한 후, [열기]를 클릭해요.

02 적용된 디자인을 확인해요.

[확인] 버튼을 클릭하면 '내 디자인'이 판매 가능한지에 대해 심사를 받을 수 있음

Tip 심사 제출하기

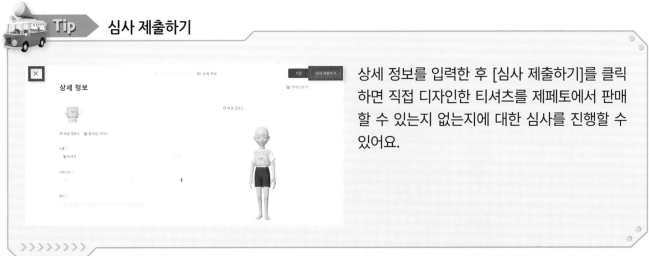

상세 정보를 입력한 후 [심사 제출하기]를 클릭하면 직접 디자인한 티셔츠를 제페토에서 판매할 수 있는지 없는지에 대한 심사를 진행할 수 있어요.

4 '내 콘텐츠' 관리하는 방법 알아보기

01 제페토 스튜디오에서 [내 콘텐츠]를 클릭해요.

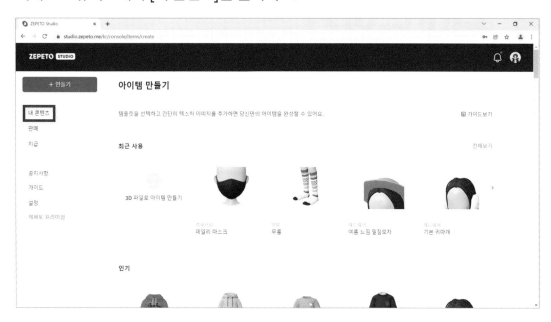

02 [내 콘텐츠]에서는 내가 만든 아이템이 목록을 확인할 수 있어요. 아이템의 [자세히(⋯)]를 클릭하여 콘텐츠를 관리할 수 있어요.

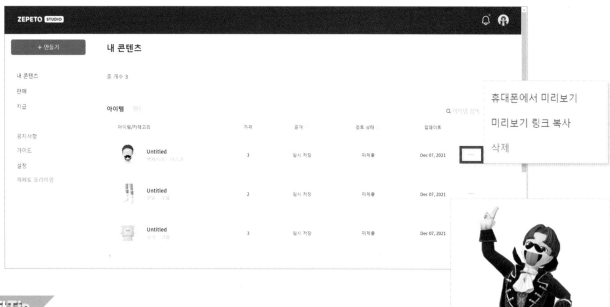

메타Tip

· 휴대폰에서 미리보기 : 완성된 디자인이 내 캐릭터에 적용된 모습을 알림을 통해 휴대폰에서 확인할 수 있습니다.
· 미리보기 링크 복사 : 완성된 디자인을 볼 수 있는 링크를 복사하여 친구에게 공유할 수 있습니다.
· 삭제 : 해당 아이템을 삭제할 수 있습니다.

[휴대폰에서 미리보기-결과]

09 옷(티셔츠) 디자인하기

학습목표

▶ '3D 그림판'에서 티셔츠 패턴을 불러옵니다.
▶ '3D 그림판'의 메뉴를 이용하여 티셔츠를 디자인해 봅니다.
▶ 완성한 패턴을 제페토에 업로드하여 착용한 모습을 확인합니다.

예쁘고 멋있는 디자인의 옷을 사기 위해 쇼핑한 적이 있지요? 이와 마찬가지로 메타버스에서도 옷을 쇼핑할 수 있습니다. 나아가 나만의 스타일로 옷을 디자인할 수도 있답니다. 패션디자이너처럼 말이죠. 티셔츠를 직접 디자인하여 '나'를 닮은 캐릭터에 입혀 보기로 해요.

1 티셔츠 패턴 불러오기

01 [윈도우 로고키(■)]-[그림판 3D()]을 클릭해요.

Tip 알아두기

'3D 그림판'이 아닌 '그림판'에서도 옷을 디자인할 수 있어요. '그림판 3D' 또는 '그림판' 중에 자신의 컴퓨터 환경에 맞는 프로그램을 선택하도록 합니다.

02 '그림판' 3D가 열리면 [메뉴]-[열기]-[파일 찾아보기]를 클릭해요.

03 [열기] 창이 열리면 [실습파일] 폴더에서 '티셔츠.png'를 선택한 후 [열기]를 클릭해요.

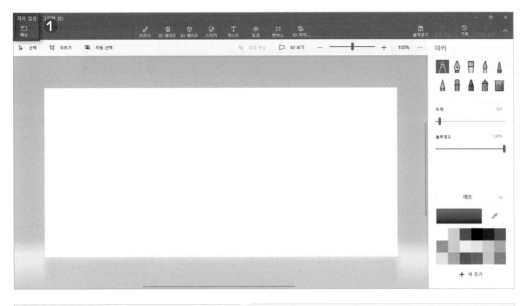

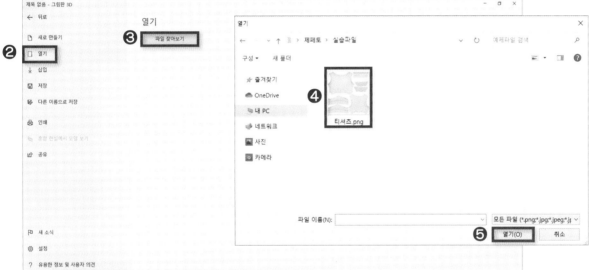

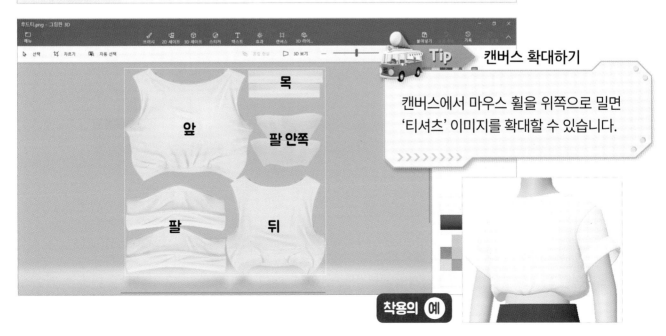

Tip 캔버스 확대하기

캔버스에서 마우스 휠을 위쪽으로 밀면 '티셔츠' 이미지를 확대할 수 있습니다.

>>>>>>>

착용의 예

01 티셔츠를 색칠하기 위해 [브러시]-[채우기]를 선택한 후 마음에 드는 색을 선택해요.

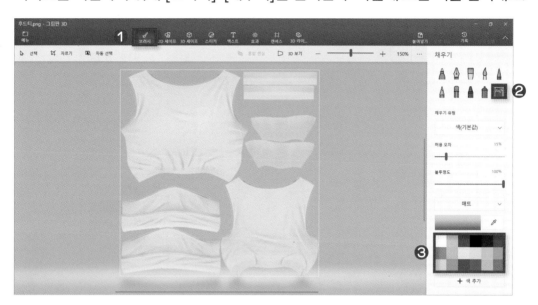

 Tip 꾸미는 방법 1

[브러시]의 마커, 붓글씨 펜, 유화 브러시, 픽셀 펜 등을 이용하여 패턴을 예쁘게 꾸밀 수 있습니다.

02 티셔츠 패턴에 클릭하여 자유롭게 색을 채워 보아요.

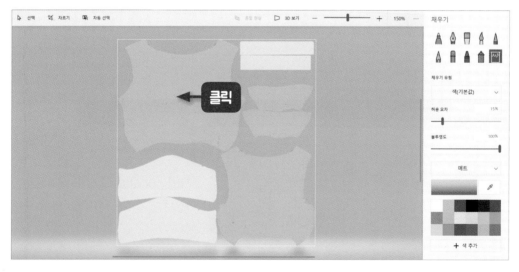

 Tip 꾸미는 방법 2

· 옷의 색상은 한 가지 색으로만 채우지 않고 다양한 색상을 사용하도록 합니다.
· 다양한 색상을 사용할 때에 색상끼리 서로 어울리는지에 대해 생각한다면 더욱 멋진 옷을 만들 수 있습니다.

03 [스티커]-[스티커]에서 '별'을 클릭해요.

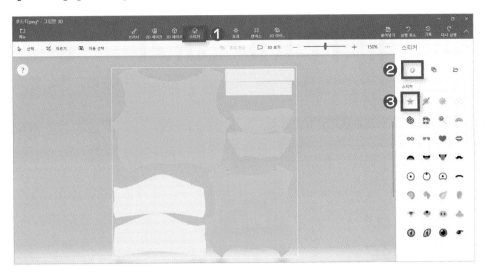

04 티셔츠 패턴 앞에 대고 마우스를 클릭한 후, 스티커의 조절점을 마우스로 드래그하여 '별'의 크기를 조절해요. 그리고 위치를 티셔츠 '가운데'로 이동시켜요.

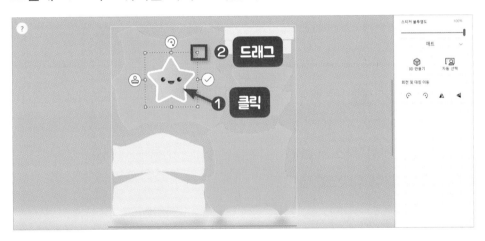

05 [메뉴]-[다른 이름으로 저장]-[이미지]를 클릭하여 티셔츠 이미지를 저장해요.

06 제페토 스튜디오에서 저장해 둔 디자인을 업로드하여 착용 모습을 확인해 보아요.

메타Tip 패턴 사용 방법

[제페토 스튜디오]-[만들기]-[아이템]-[상의]-[노랑 크롭 티셔츠]에서 패턴을 '다운로드/업로드' 할 수 있습니다.

드래그 앤 드롭 또는 클릭하여 .png 파일을 업로드해주세요.

슬리브리스 크롭탑
무료 ♥↑

노랑 크롭 티셔츠
무료

10 액세서리 디자인하기

학습목표

▶ '그림판 3D'에서 '마스크'를 디자인해 봅니다.
▶ '그림판 3D'에서 '양말'을 디자인해 봅니다.
▶ 완성한 패턴을 제페토에 업로드하여 착용한 모습을 확인합니다.

멋지게 옷을 코디해서 입었지만 무언가 부족해 보이는 느낌이 들 때가 있어요. 그럴 때에는 간단한 액세서리 하나만 착용해도 패션이 완성될 수 있답니다. 우리가 자주 착용하는 액세서리인 '마스크'와 '양말'을 멋있게 디자인해 보면 어떨까요?

 ## 마스크 패턴 불러오기 >>>

01 [윈도우 로고키(⊞)]-[그림판 3D(🖌)]을 클릭한 후 '그림판 3D'가 열리면 [메뉴]-[열기]-[파일 찾아보기]를 클릭해요.

02 [열기] 창이 열리면 [실습파일]에서 '마스크.png'를 선택한 후 [열기]를 클릭해요.

03 캔버스에서 마우스 휠을 위로 밀어 '마스크' 패턴을 확대해요.

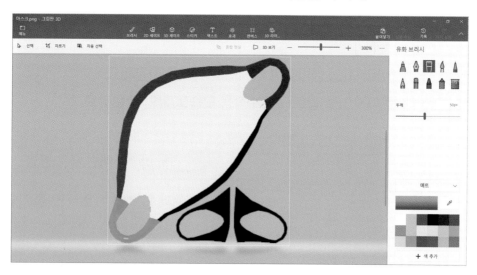

 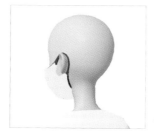

착용의 예

60

01 [브러시]-[채우기]에서 마음에 드는 색을 선택하여 패턴에 색을 채워요.

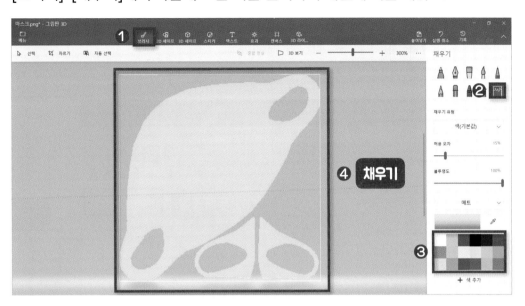

02 [스티커]-[스티커]에서 재미있는 '스티커'를 가져온 후, 조절점을 마우스로 드래그하여 크기를 조절해요. 그리고 회전을 드래그하여 방향을 변경하며 마스크 패턴에 어울리게 꾸며 보아요.

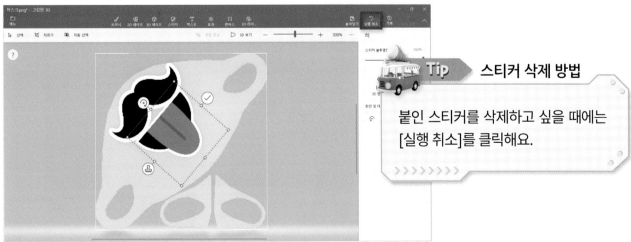

Tip 스티커 삭제 방법

붙인 스티커를 삭제하고 싶을 때에는 [실행 취소]를 클릭해요.

>>>>>>>>

3 양말 패턴 불러와 디자인하기

01 '그림판 3D'의 [메뉴]-[열기]-[파일 찾아보기]를 클릭하여 [열기] 창이 열리면 [실습파일]에서 '양말.png'을 불러와요.

02 캔버스에서 마우스 휠을 위로 밀어 '양말' 패턴을 확대해요.

03 [브러시]-[마커]를 선택한 후, '마커'의 두께를 조절하여, 양말을 색칠해 보아요.

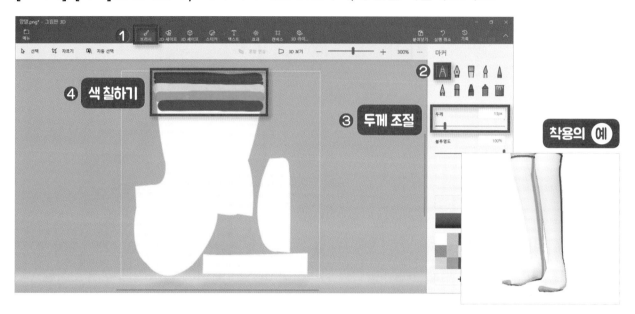

04 [스티커]-[스티커]에서 마음에 드는 스티커를 가져와 다음과 같이 양말을 꾸며 보아요. 그리고 [메뉴]-[다른 이름으로 저장]-[이미지]를 클릭하여 '양말'을 저장해요.

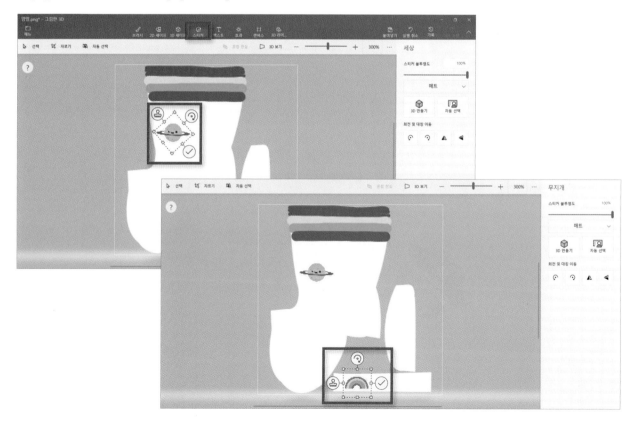

완성한 디자인 착용한 모습 확인하기 >>>>

01 제페토 스튜디오의 [만들기]-[아이템]-[양말]-[하이삭스]에서 [업로드하기]를 클릭한 후 디자인한
양말을 업로드하여 착용 모습을 확인해요.

02 양말 디자인을 확인한 후 '마스크'의 착용 모습을 확인하기 위해 [X]를 클릭해요.

🪐 **메타Tip**　　**저장 방법 확인**

'양말'을 '내 콘텐츠'에 저장해 두려면 [확인]을 클릭합니다.

03 제페토 스튜디오의 [만들기]-[아이템]-[인기]-[베이직 새부리형 마스크]에서 [업로드하기]를 클릭
한 후 디자인한 마스크를 업로드하여 착용 모습을 확인해 보아요.

11 신발 디자인하기

학습목표

▶ '그림판 3D'에서 신발을 디자인해 봅니다.
▶ 완성한 패턴을 제페토에 업로드하여 착용한 모습을 확인합니다.

신발은 감각적인 패션을 나타내기 위한 중요한 아이템 중 하나이지요. '그림판 3D'에는 디자인할 수 있는 다양한 요소들이 있는데요. 이번에는 '3D 모델'을 이용하여 신발 패턴을 디자인해 보고, 완성한 패턴을 캐릭터에 적용해 볼까요?

 신발 패턴 불러오기

01 [윈도우 로고키(■)]-[그림판 3D(🌑)]를 클릭한 후 '그림판 3D'가 열리면 [메뉴]-[열기]-[파일 찾아보기]를 클릭해요.

02 [열기] 창이 열리면 [실습파일]에서 '신발.png'를 선택한 후 [열기]를 클릭해요.

03 캔버스에서 마우스 휠을 위로 밀어 '신발' 패턴을 확대해요.

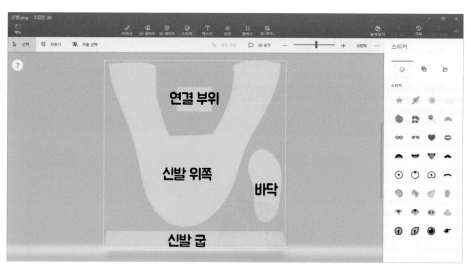

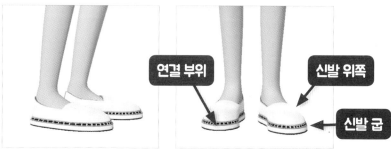

신발 디자인하기

01 [브러시]-[채우기]에서 색을 선택하여 신발 패턴을 색칠해 보아요.

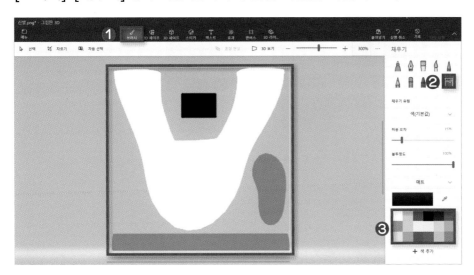

02 [2D 셰이프]에서 '원'을 선택해요.

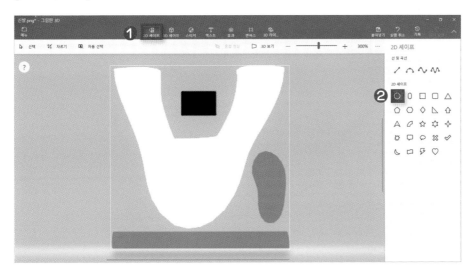

03 신발 패턴에 '원'을 그려 넣어요.

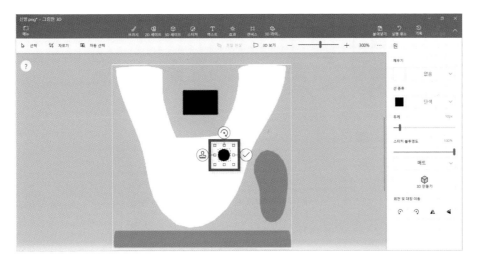

04 색을 클릭하여 '원'의 색깔을 변경해요.

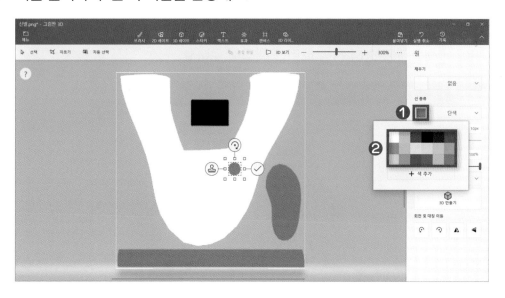

05 [도장(📷)]을 클릭한 후 복사된 '원'을 마우스로 드래그하여 위치를 이동시켜요.

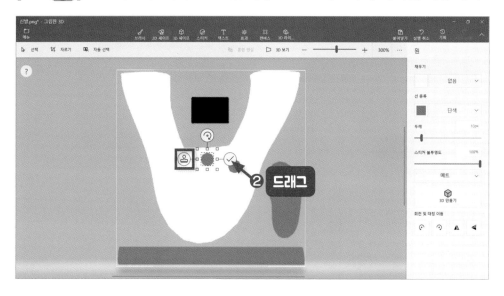

06 **05**와 같은 방법으로 '원'을 복사하여 다음 그림과 같이 꾸며요.

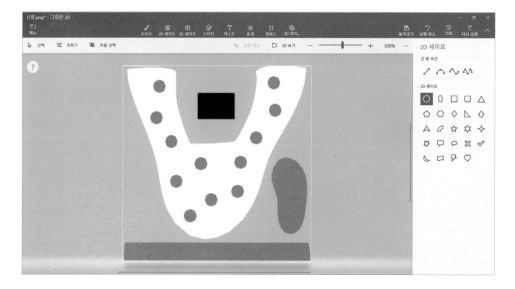

07 [3D 라이브러리]에서 신발을 꾸밀 3D 모델을 클릭해요.

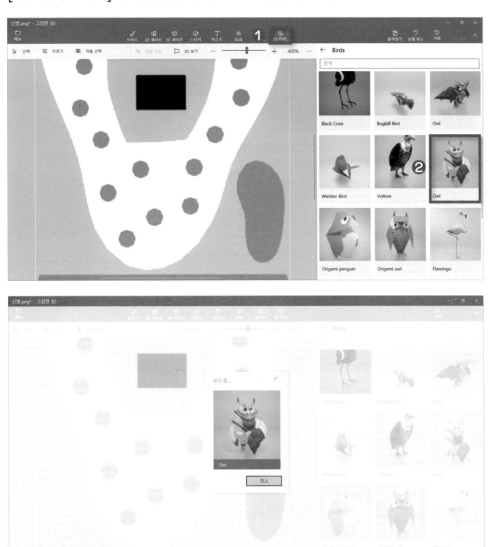

08 마우스 휠을 아래쪽으로 당겨 캔버스를 작게 한 후, 추가된 3D 모델을 확인해요.

09 추가된 3D 모델의 조절점을 마우스로 드래그하여 크기를 조절하고, 위치를 이동해요.

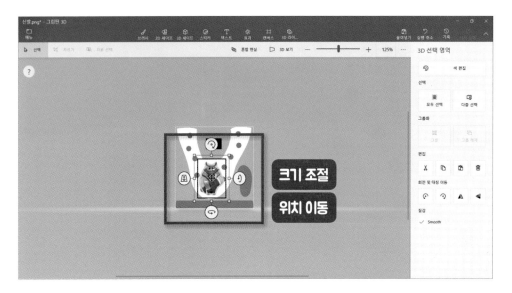

10 마우스 휠을 위쪽으로 밀어 캔버스의 크기를 크게 해요.

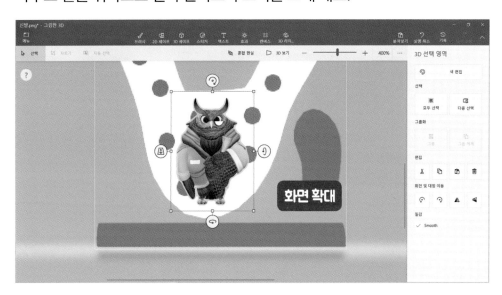

11 Y축 회전을 클릭하고, 오른쪽으로 드래그하여 3D 모델의 모습을 회전시켜요.

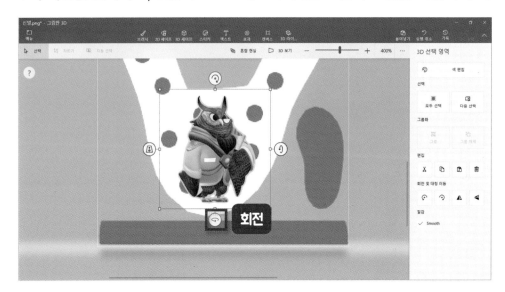

12 [스티커]-[스티커]에서 마음에 드는 모양을 불러와 신발 패턴을 완성해요.

13 [메뉴]-[다른 이름으로 저장]-[이미지]를 클릭한 후 창이 열리면 [저장]을 클릭해요.

14 [다른 이름으로 저장] 창이 열리면 파일명을 입력한 후 [저장]을 클릭해요.

15 제페토 스튜디오의 [만들기]-[아이템]-[신발]-[슬립온 스니커즈]에서 [업로드하기]를 클릭한 후, 디자인한 신발을 업로드하여 착용 모습을 확인해 보아요.

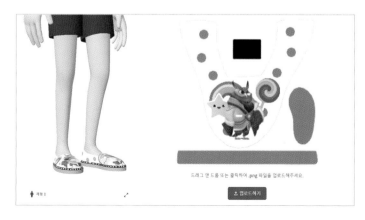

12 외투 디자인하기

학습목표

▶ '그림판 3D'에서 외투를 디자인해 봅니다.
▶ 완성한 패턴을 제페토에 업로드하여 착용한 모습을 확인합니다.

우리는 앞에서 옷, 액세서리, 신발을 디자인해 보았어요. 마지막으로 한 가지 더 만들어 볼텐데요. 무엇일까요? 겨울 패션 중에 가장 대표적인 아이템인 외투를 디자인해 볼 거예요. 추위를 막기 위해 겉옷 위에 입는 옷인만큼 따뜻한 느낌이 나도록 디자인해 보는 건 어떨까요?

 1 외투 패턴을 불러오기 >>>>

01 [윈도우 로고(▦)]-[그림판 3D(🔵)]을 클릭한 후 '그림판 3D'가 열리면 [메뉴]-[열기]-[파일 찾아보기]를 클릭해요. 그리고 [열기] 창이 열리면 [실습파일]에서 '외투.png'를 선택한 후 [열기]를 클릭해요.

02 캔버스에서 마우스 휠을 위로 밀어 '외투' 패턴을 확대해요.

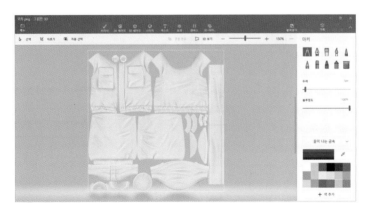

03 외투의 패턴이 신체 어느 부분에 해당하는지 완성된 옷의 모양과 비교해 보아요.

2 외투 디자인하기

01 [2D 셰이프]에서 '사각형'을 선택해요.

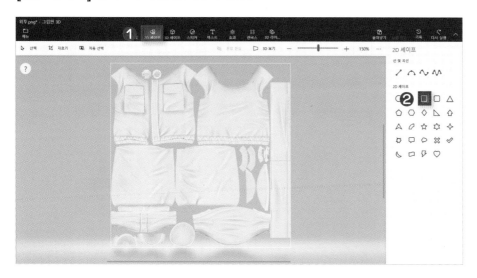

02 '외투' 앞쪽 주머니 크기에 맞추어 '사각형'을 그린 후, 색을 채웁니다. (선 종류 : 없음)

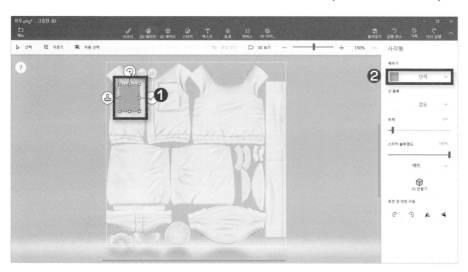

03 [도장(🖌)]을 클릭하여 복사된 '사각형'을 다른 쪽 주머니에도 추가해요.

04 **02~03**과 같은 방법으로 외투를 꾸며 보아요.

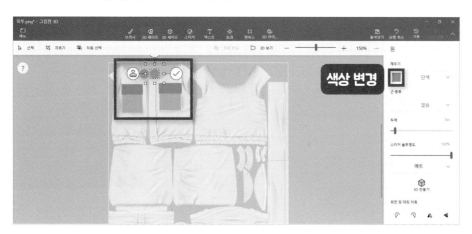

05 [브러시]-[수채화]를 선택한 후 [두께]와 [불투명도]를 조절한 후, 패턴 위에 색을 칠해요.

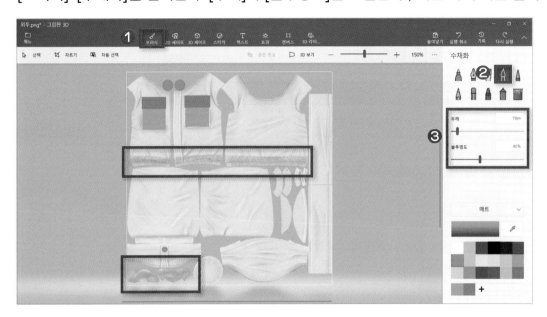

06 색상을 바꾸어 패턴 위에 색을 칠해요.

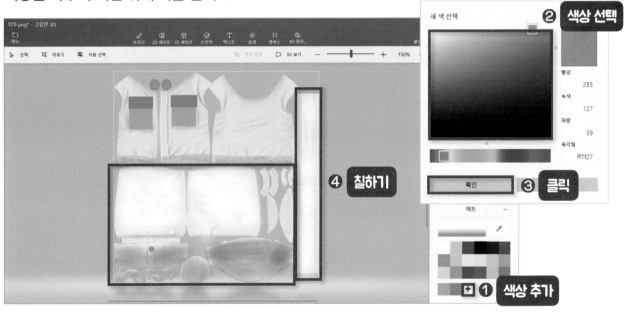

Tip   색칠하는 방법 알아두기

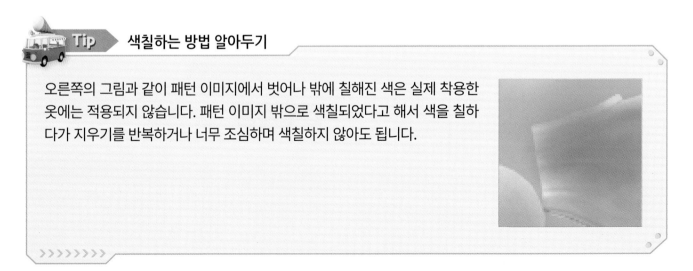

오른쪽의 그림과 같이 패턴 이미지에서 벗어나 밖에 칠해진 색은 실제 착용한 옷에는 적용되지 않습니다. 패턴 이미지 밖으로 색칠되었다고 해서 색을 칠하다가 지우기를 반복하거나 너무 조심하며 색칠하지 않아도 됩니다.

07 [브러시]-[마커]를 이용하여 패턴 위에 테두리 선을 그려요.

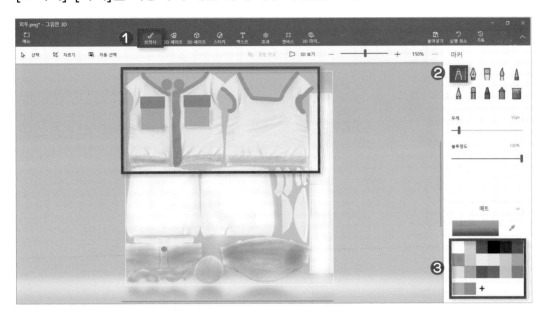

08 [스티커]-[스티커]를 이용하여 외투에 무늬를 추가해요.

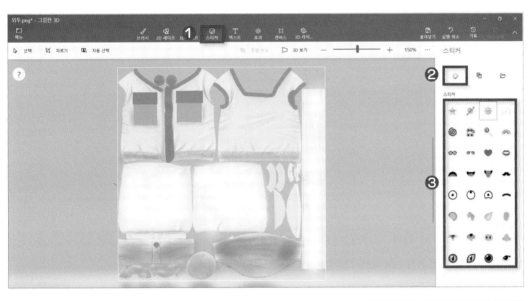

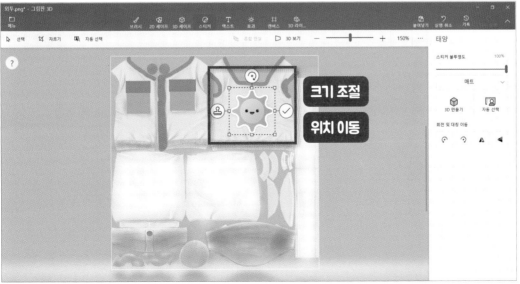

크기 조절

위치 이동

09 디자인이 완성되면 [메뉴]-[다른 이름으로 저장]-[이미지]를 클릭하여 '외투'를 저장해요.

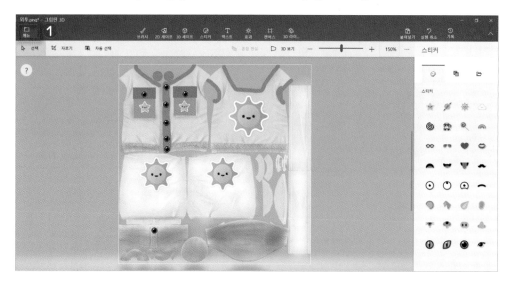

10 제페토 스튜디오의 [만들기]-[아이템]-[외투]-[집업 후디]에서 [업로드하기]를 클릭한 후, 디자인한 외투를 업로드하여 착용 모습을 확인해 보아요.

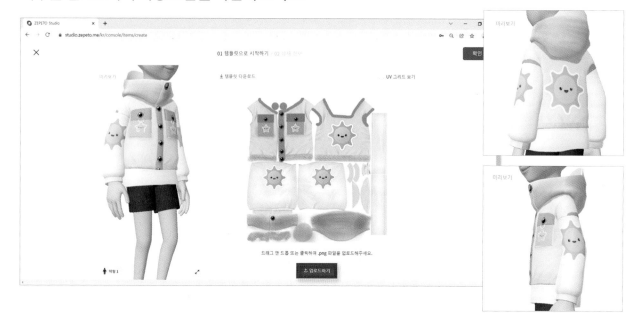

CUSTOMIZE
빌드잇 04

행복한
가든 디자이너

제페토에서 '나'는
대자연의 정원사!

동물 숲, 겨울 왕국, 화산 지대 등의
다양한 지형을 마법처럼 만들고 꾸밀 수 있는
가든 디자이너가 되어 보아요.

13 동물의 숲

14 겨울 왕국

15 화산 지대

16 놀이 공원

13 '동물의 숲'으로 꾸미기

학습목표

▶ 제페토 빌드잇 프로그램을 실행한 후 맵을 선택합니다.

▶ '동물', '숲'과 관련된 오브젝트로 월드를 꾸며 봅니다.

▶ 완성한 '동물의 숲' 월드를 테스트한 후, 맵으로 저장합니다.

현실과 같은 시간이 흐르는 메타버스 제페토에서 친구와 함께 즐거운 시간을 보낼 멋있는 월드를 개발해 보기로 해요. 가장 먼저 '동물의 숲'을 만들어 보아요. 연못과 그 안에서 헤엄치는 물고기, 나무와 곤충 그리고 동물까지! 마음이 가는 대로 다양한 오브젝트를 골라 '동물의 숲' 맵을 완성해 보아요.

1 제페토 빌드잇 프로그램 실행하기 〉〉〉〉

01 [ZEPETO BUILD IT] 프로그램을 실행해요. 그리고 [계정 로그인]에서 이메일과 비밀번호를 입력한 후, [완료]를 클릭해요.

Tip 빌드잇 프로그램 다운로드 방법

[제페토 스튜디오]-[콘텐츠]-[빌드잇]에서 [Windows] 버전으로 다운로드 합니다.

· 다운로드 주소 :
  https://studio.zepeto.me/products/buildit

꿈꾸던 공간을 직접 만들어 보세요!

'빌드잇'은 모든 것을 무료로 제공하며,
지금은 PC에서만 사용 가능해요.

[Windows ↓] [Mac OS ↓]

"check it!" - 공실시안

2 '동물의 숲'을 만들기 위한 '맵' 선택하기

01 아무것도 없이 비어 있는 공간을 선택하기 위해 [새로 만들기]-[Plan]을 클릭해요.

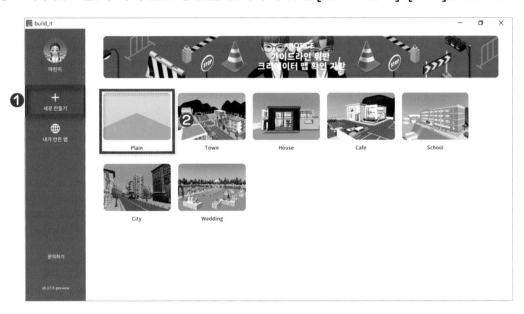

02 빌드잇 프로그램의 화면 구성을 확인해요.

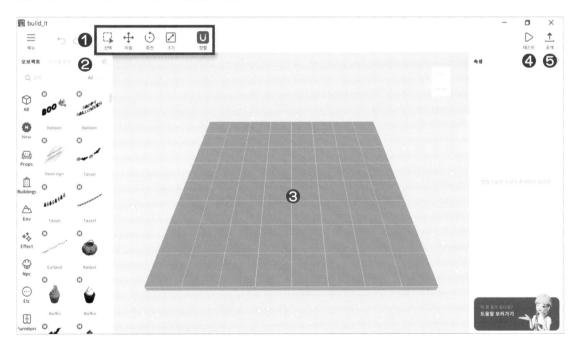

❶ 도구 : 월드에 추가된 오브젝트를 제어(선택, 이동, 회전, 크기, 정렬)해요.

❷ 오브젝트 : 월드를 꾸밀 수 있는 오브젝트가 모여 있어요.

　익스플로러 : 월드의 지형, 하늘, 배경음악 등을 변경할 수 있어요.

❸ 월드 : 캐릭터가 활동할 수 있는 가상의 공간이에요.

❹ 테스트 : 월드를 재생시켜 실제 캐릭터의 눈높이에서 실감나게 월드를 확인할 수 있어요.

❺ 공개 : 제페토의 월드에 직접 만든 맵을 공개할 수 있어요.

맑은 연못 만들기

01 [월드]에서 마우스 휠을 위쪽으로 밀어 화면을 확대해요.

02 Spacebar를 누른 채 마우스 왼쪽 버튼을 누르고 드래그하여 화면을 다음과 같은 공간으로 이동시켜요.

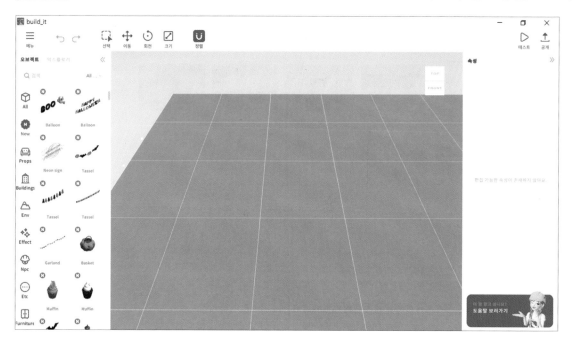

메타Tip 화면 이동

Spacebar를 누른 채 마우스 왼쪽 버튼을 누르고 드래그하면 화면을 원하는 위치로 이동시킬 수 있습니다.

03 [익스플로러]에서 [월드]-[지형]을 클릭한 후 [물] 지형 브러쉬를 선택해요.

04 '연못'을 만들기 위해 [속성]에서 브러쉬 크기를 '10'으로 설정해요.

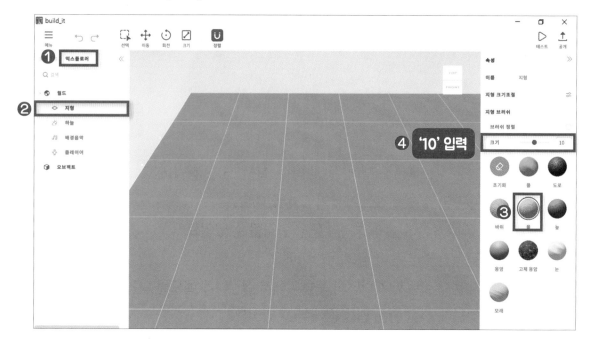

05 마우스 왼쪽 버튼을 누른 채로 드래그하여 [월드]의 바닥에 '연못'을 만들어요.

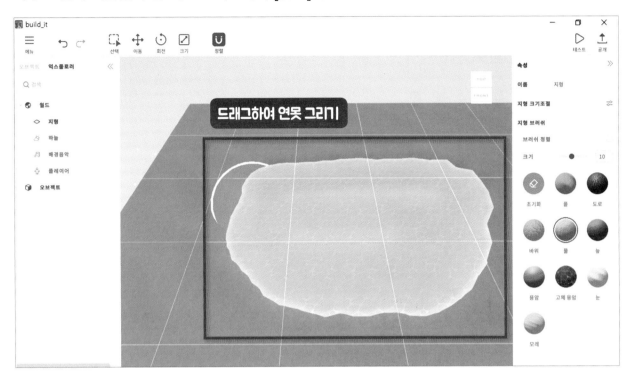

06 [모래] 지형 브러쉬를 선택한 후 마우스 왼쪽 버튼을 누른 채로 드래그하여 '연못' 근처에 모래를 뿌려 보아요.

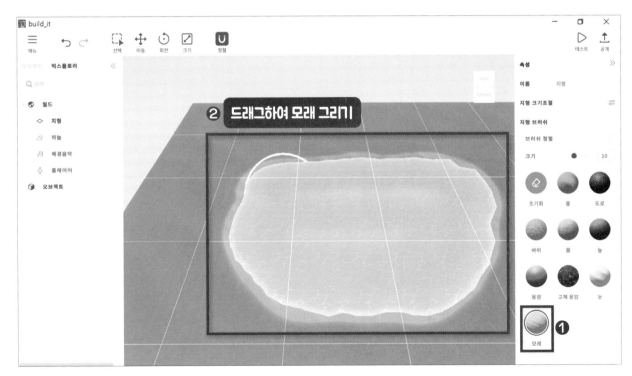

메타Tip 오브젝트 선택하는 방법

- 오브젝트를 선택하면 오브젝트가 마우스포인터를 따라 이동합니다.
- 오브젝트를 선택한 후, 원하는 위치에 대고 마우스를 클릭하면 오브젝트가 적용되어 나타납니다.

4 나무와 동물로 '숲' 꾸미기

01 [오브젝트]-[Env(환경)]에서 '나무'를 찾아 선택한 후, 연못 가까이에 클릭하여 심어요.

🪐 **메타Tip** **화면 회전하기**

• 마우스 오른쪽 버튼을 누른 채 마우스를 드래그하면 화면이 회전합니다.

02 [오브젝트]-[Etc(기타)]에서 '동물'을 선택한 후, 나무 사이 또는 연못가에 클릭하여 추가해요.

🪐 **메타Tip** **오브젝트 삭제 방법**

• 오브젝트 삭제 : 삭제할 오브젝트를 클릭하여 [Del] 키를 누르거나 마우스 오른쪽 버튼을 눌러 [삭제]를 선택합니다. 이때 다른 오브젝트가 선택되어 있다면 [Esc] 키를 눌러 취소한 후 삭제합니다.
• 오브젝트를 잘못 추가하여 이전으로 돌아가야 할 경우에는 [도구]에서 [되돌리기(↩)]를 클릭합니다.

5 완성한 월드 테스트하기

01 [오브젝트]-[Spawn(스폰)]에서 마음에 드는 'Spawn'을 선택해요. 그리고 플레이했을 때 캐릭터가 나타날 위치를 정해 클릭해 넣은 후, [테스트]를 클릭해요.

02 마우스와 키보드의 W A S D 키, Spacebar 키를 이용하여 [월드]를 테스트해 보아요.

Tip 월드 화면 제어 방법

방향 변경
마우스가 이동하는 방향에 따라 월드가 회전됩니다.

캐릭터 제어 키
· 이동 : W A S D
· 점프 : Spacebar

03 테스트가 끝나면 키보드에서 Esc 키를 눌러 테스트를 종료해요.

04 [메뉴]-[저장]을 클릭하여 [맵 이름]을 입력한 후, [저장]을 클릭해요.

14 '겨울 왕국'으로 꾸미기

학습목표

▶ 월드의 지형을 '눈'으로 바꾸어 봅니다.
▶ '겨울'과 관련된 오브젝트로 월드를 꾸며 봅니다.
▶ 완성한 '겨울 왕국' 월드를 테스트한 후, 맵으로 저장합니다.

여러분은 어떠한 계절을 가장 좋아하나요? 봄, 여름, 가을, 겨울로 나뉘어지는 계절은 제페토에서도 표현할 수 있답니다. 춥지만 따뜻하게 느껴지는 겨울을 표현해 보는 건 어떨까요? 친구들과 함께 겨울 여행을 떠날 수 있도록 눈사람과 트리 등 겨울과 관련 있는 멋진 오브젝트를 사용하여 '겨울 왕국' 맵을 완성해 보아요.

 '눈' 지형으로 바꾸기   >>>

01 [ZEPETO BUILD IT] 프로그램을 실행해요. 그리고 [계정 로그인]에서 이메일과 비밀번호를 입력한 후, [완료]를 클릭하여 접속해요.

02 빈 공간을 선택하기 위해 [새로 만들기]-[Plan]을 클릭해요.

03 [익스플로러]-[월드]-[지형]을 클릭한 후, [눈] 지형 브러쉬를 선택해요.

04 브러쉬 크기를 '20'으로 바꾼 후, 마우스 왼쪽 버튼을 클릭한 채 색칠하듯 드래그하여 지형 전체를 '눈'으로 덮어요.

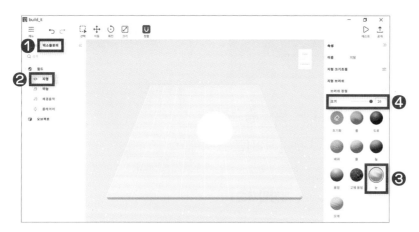

05 [물] 지형 브러쉬를 선택한 후, 월드에 채워진 '눈' 지형 위에서 클릭해요. 브러쉬 크기를 조절하며 물이 고여 있는 것과 같은 효과를 나타내 보아요.

2 크리스마스 '트리' 추가하기 >>>>

01 [오브젝트]-[Env]에서 'Tree_01'을 찾아 '눈' 위에 클릭한 후 Esc 키를 눌러 오브젝트 선택을 취소해요.

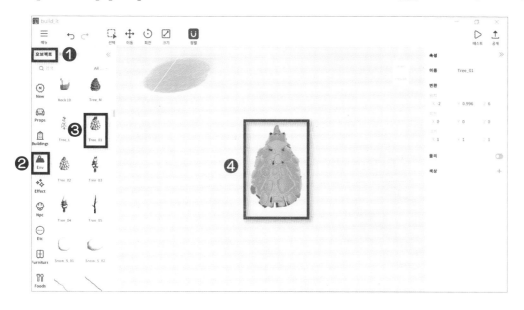

02 [도구]에서 [크기]를 선택한 후 초록색(Y), 빨간색(X), 파란색(Z) 점을 드래그하여 'Tree_01'의 크기를 바꾸어요.

메타Tip 오브젝트의 크기 바꾸는 방법

오브젝트의 크기는 [속성]-[변환]-[크기]에서도 바꿀 수 있습니다.

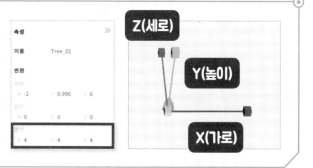

3 눈 덮인 '산' 추가하기 ▶▶▶▶

01 [오브젝트]-[Env]에서 'Snow Stone(스노우 스톤)'을 찾아 눈 위에 클릭한 후 Esc 키를 눌러 오브젝트 선택을 취소해요.

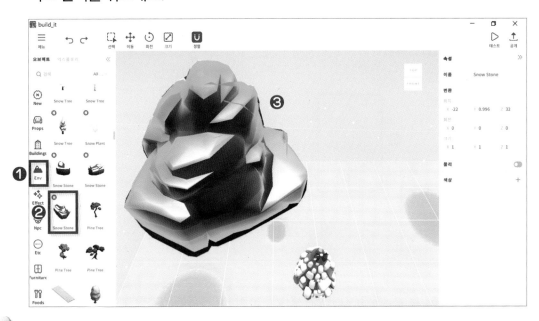

 Tip 화면 크기 바꾸기

월드를 꾸밀 때는 마우스 휠을 위쪽으로 밀거나 아래쪽으로 당겨 화면의 크기를 자유롭게 변경하며 작업합니다.

▶▶▶▶▶▶▶▶

02 [도구]에서 [회전]을 선택한 후 초록색(Y축 기준 수평회전), 빨간색(X축 기준 앞뒤회전), 파란색(Z축 기준 좌우회전) 선을 드래그하여 'Snow Stone'의 방향을 회전해요.

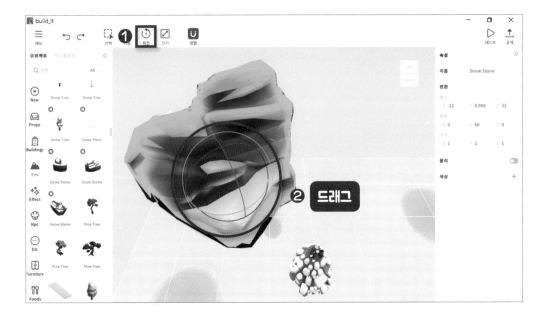

03 'Snow Stone'을 이동시키기 위해 위치가 잘 보이도록 마우스 휠을 아래쪽으로 당겨 화면을 축소해요.

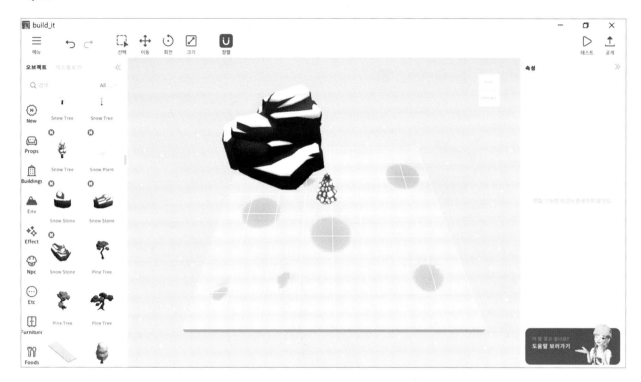

04 [도구]에서 [이동]을 선택한 후 초록색(Y), 빨간색(X), 파란색(Z) 화살표를 드래그하여 'Snow Stone'의 위치를 이동시켜요.

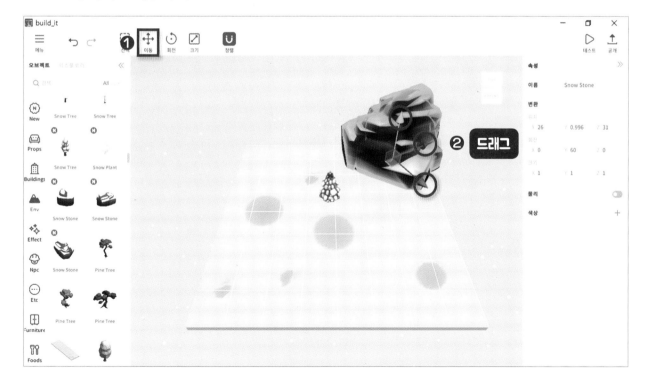

4 '겨울'과 관련된 오브젝트 추가하기

01 [오브젝트]-[Env]에서 '겨울'과 관련된 오브젝트를 찾아 월드를 꾸며요.

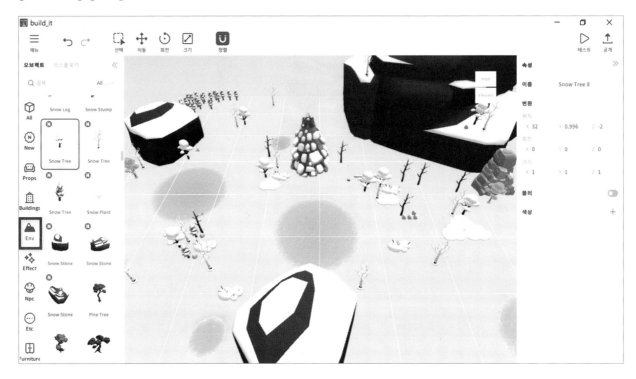

02 [오브젝트]-[Etc]에서 '겨울'과 관련된 오브젝트를 찾아 월드를 꾸며요.

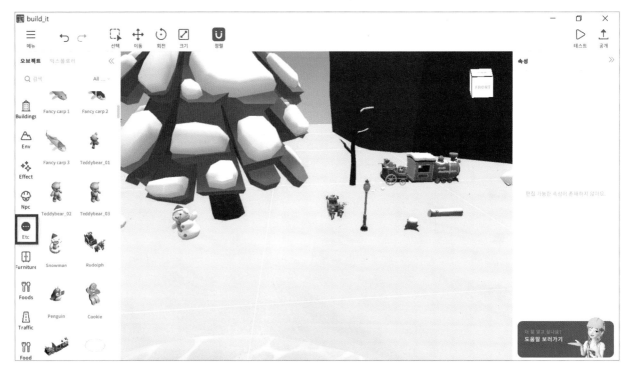

메타Tip 오브젝트 모습 바꾸기

[도구]의 [크기], [회전], [이동]을 이용하여 오브젝트의 모습을 바꿉니다.

5 완성한 월드 테스트하기

01 [Spawn]에서 마음에 드는 'Spawn'을 선택해요. 그리고 월드를 플레이했을 때 캐릭터가 나타날 위치를 정해 클릭한 후, [테스트]를 클릭해요.

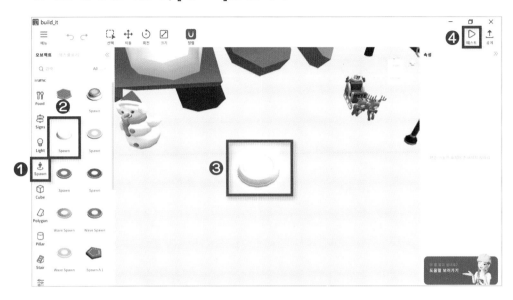

02 마우스와 키보드의 W A S D 키, Spacebar 키를 이용하여 [월드]를 테스트해 보아요.

 Tip   캐릭터 제어 키 알아보기

- 이동 : W A S D
- 점프 : Spacebar

03 테스트가 끝나면 키보드에서 Esc 키를 눌러 테스트를 종료해요.

04 [메뉴]-[저장]을 클릭하여 [맵 이름]을 입력한 후, [저장]을 클릭해요.

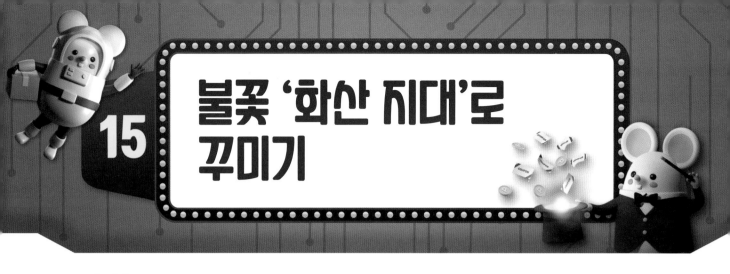

불꽃 '화산 지대'로 꾸미기

15

학습목표

▶ 지형을 '고체 용암'으로 바꾸어 봅니다.
▶ '화산'과 관련된 오브젝트로 월드를 꾸며 봅니다.
▶ [도구] 메뉴를 이용해 오브젝트를 제어해 봅니다.
▶ 완성한 '화산 지대' 월드를 테스트한 후, 맵으로 저장합니다.

'화산' 하면 떠오르는 장면이 있나요? 우리나의 대표적인 화산 지형에는 한라산이 있는데요. 원뿔 모양으로 움푹 패인 화산의 꼭대기에 호수가 있는 모습을 하고 있지요. 우리는 화산이 언제 터질지 몰라 긴장감이 도는 화산 지대를 만들어 보기로 해요. 용암이 흐르고, 불꽃이 곳곳에 피어 있는 '화산 지대' 맵을 완성해 볼까요?

1 '고체 용암'과 '바위' 지형으로 바꾸기

01 [ZEPETO BUILD IT] 프로그램을 실행해요. 그리고 [계정 로그인]에서 이메일과 비밀번호를 입력한 후, [완료]를 클릭하여 접속해요.

02 빈 공간을 선택하기 위해 [새로 만들기]-[Plan]을 클릭해요.

03 [익스플로러]-[월드]-[지형]을 클릭한 후 [고체 용암] 지형 브러쉬를 선택해요.

04 브러쉬 크기를 '20'으로 바꾼 후, 마우스 왼쪽 버튼으로 드래그하여 지형을 '고체 용암'으로 바꾸어요.

05 [용암] 지형 브러쉬를 선택한 후, 월드 가운데에 마우스 왼쪽 버튼으로 드래그하여 '용암'을 추가해요.

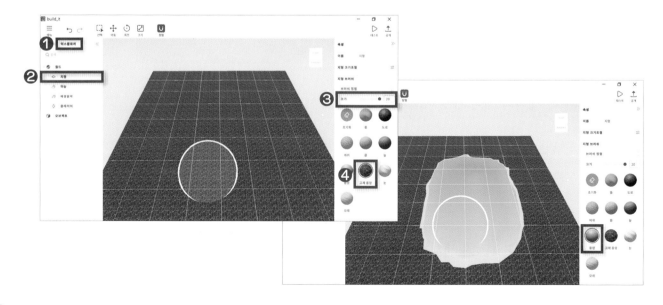

06 [바위] 지형 브러쉬를 선택한 후, 용암 양쪽에 마우스 왼쪽 버튼으로 드래그하여 '바위'를 추가해요.

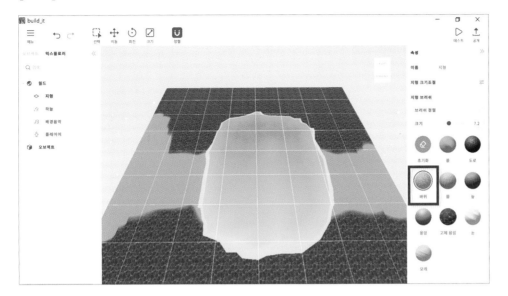

2 '큰 바위' 추가하기

01 [오브젝트]-[Env]에서 'Rock 1(록1)'을 찾아 용암 옆에 클릭한 후 Esc 키를 눌러요.

02 [도구]에서 [크기]를 선택하여 'Rock 1'의 크기를 다음 그림과 같이 변경해요.

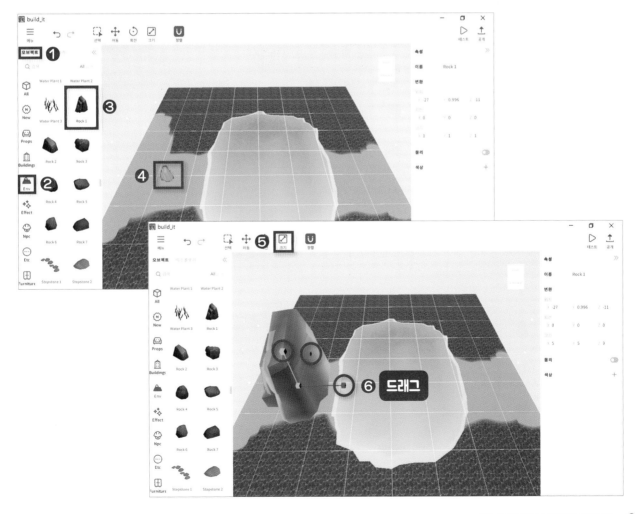

03 [도구]에서 [회전]을 선택하여 'Rock 1'의 방향을 회전해요.

04 'Rock 1'을 선택한 후 키보드에서 Ctrl + C를 눌러 오브젝트를 복사해요.

05 'Rock 1'을 붙여 넣을 위치로 마우스를 이동한 후 Ctrl + V를 누릅니다.

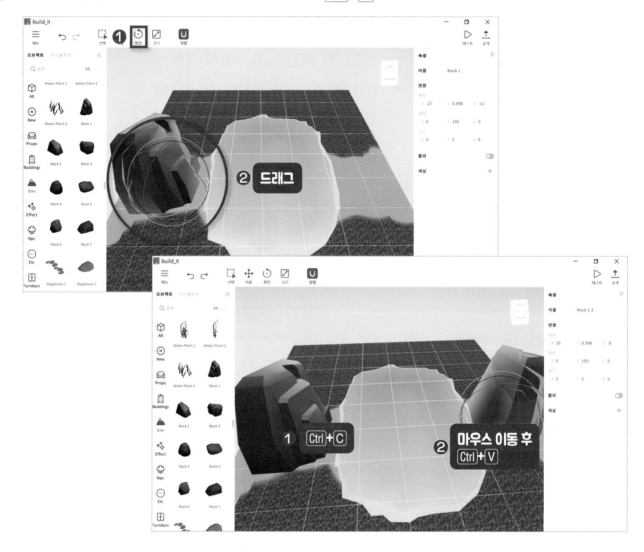

06 복사된 'Rock 1'의 방향을 회전시켜 'Rock 1'이 서로 마주 보도록 해요.

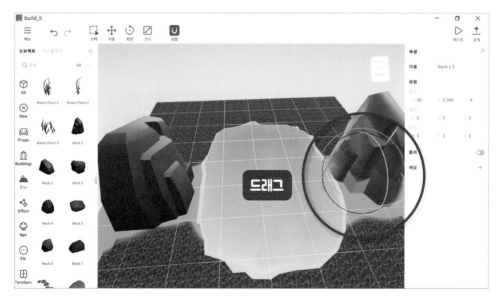

용암을 건너 갈 '다리' 추가하기

01 [도구]-[선택]을 클릭해요. 그리고 [오브젝트]-[Cube]에서 'Rock Basic'를 찾아 'Rock 1' 앞에 클릭해 추가한 후, Esc 키를 눌러요.

02 이어서 [도구]-[크기]를 클릭한 후, 크기를 기다란 모양으로 바꾸어 2개의 'Rock 1' 사이를 연결해요.

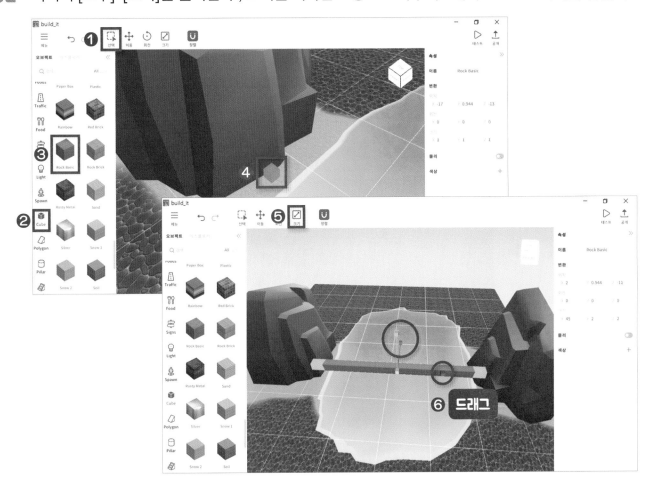

03 [도구]-[이동]을 클릭해요. 'Rock Basic'을 초록색 화살표를 이용하여 공중에 띄워요.

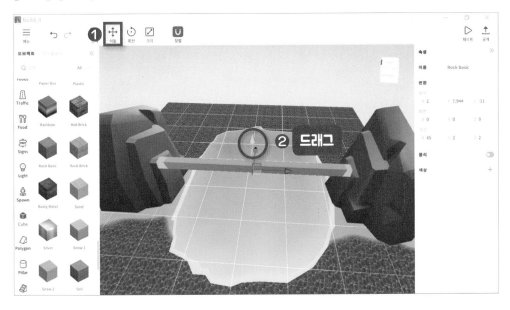

4 오브젝트로 '화산 지대' 꾸미기

01 [오브젝트]-[Env]에서 '화산 지대'와 어울리는 오브젝트를 찾아 꾸며 보아요.

02 [오브젝트]-[Effect(이펙트)]에서 'Fire'를 찾아 바위와 용암에 클릭하여 불을 붙여 보아요.

03 용암에 붙인 'Fire'를 선택한 후, [속성]에서 크기(X : 50, Y : 2, Z : 50)를 바꾸어 보아요.

04 '화산 지대'와 관련된 오브젝트를 찾아 마음이 가는 대로 꾸며 보아요.

5 완성한 월드 테스트하기

01 [Spawn]에서 마음에 드는 'Spawn'을 선택해요. 그리고 월드를 플레이했을 때 캐릭터가 나타날 위치를 정해 클릭 후, [테스트]를 클릭해요.

02 마우스와 키보드의 W A S D 키, Spacebar 키를 이용하여 [월드]를 테스트해 보아요.

03 테스트가 끝나면 키보드에서 Esc 키를 눌러 테스트를 종료해요.

04 [메뉴]-[저장]를 클릭하여 [맵 이름]을 입력한 후, [저장]을 클릭해요.

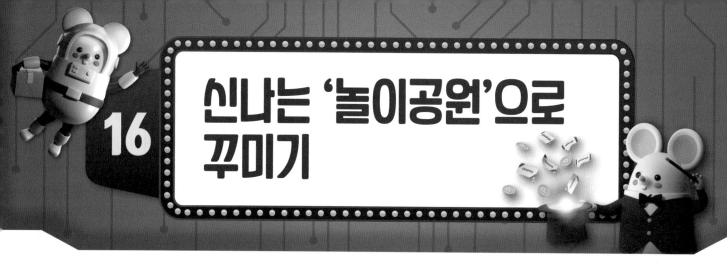

16 신나는 '놀이공원'으로 꾸미기

학습목표

▶ '놀이공원'에 어울리는 시설을 추가해 봅니다.
▶ 놀이 기구에 어울리는 지형으로 변경해 봅니다.
▶ '놀이공원'과 관련된 오브젝트로 월드를 꾸며 봅니다.
▶ 완성한 '놀이공원' 월드를 테스트한 후, 맵으로 저장합니다.

놀이공원은 돌아다니며 구경하거나 놀 수 있도록 여러 가지 시설이나 놀이 기구를 갖추고 있는 곳이에요. 물론 제페토에서도 놀이공원에 갈 수 있지요. 놀이공원에서 친구를 만나면 어떨까요? 친구들과 함께 사진도 찍고, 놀이 기구도 타며 뛰어 놀 수 있는 신나는 '놀이공원' 맵으로 완성해 보아요.

1 놀이 시설 추가하기

01 [ZEPETO BUILD IT] 프로그램을 실행한 후 [계정 로그인]에서 이메일과 비밀번호를 입력한 후 [완료]를 클릭하여 접속해요.

02 빈 공간을 선택하기 위해 [새로 만들기]-[Plan]을 클릭해요.

03 [Buildings(빌딩스)]에서 'Castle(캐슬)'을 찾아 가운데 클릭해 넣어요.

04 [Buildings]에서 'House(하우스)'를 찾아 'Castle'를 양옆에 클릭해서 붙여요.

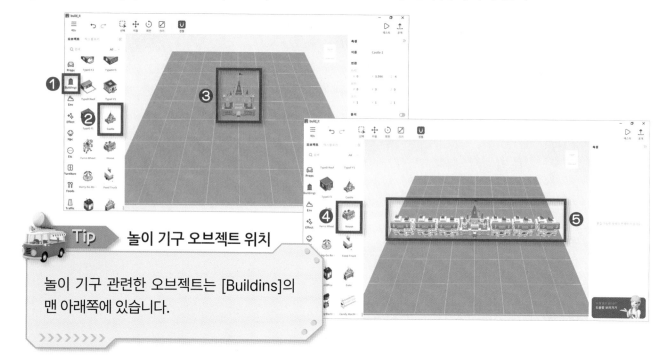

 Tip 놀이 기구 오브젝트 위치

놀이 기구 관련한 오브젝트는 [Buildins]의 맨 아래쪽에 있습니다.

05 [Buildins]에서 'Ferris Wheel(페리스 휠)'을 놀이공원 안쪽에 추가해요.

06 이어서 'Gate(게이트)'를 찾아 'Ferris Wheel' 앞에 추가해요.

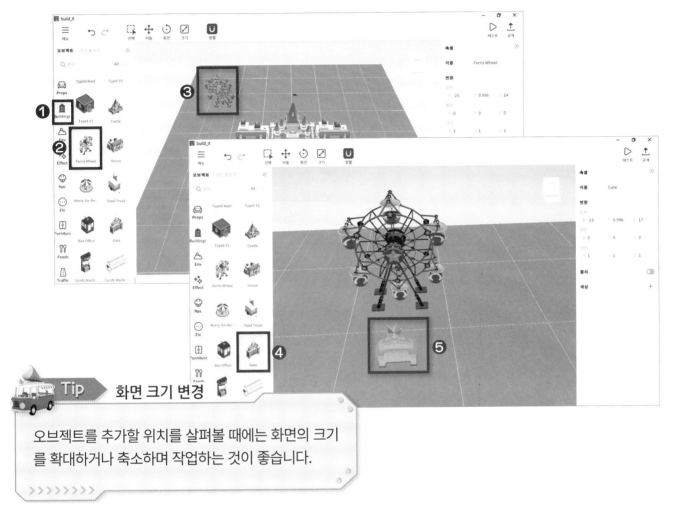

Tip 화면 크기 변경

오브젝트를 추가할 위치를 살펴볼 때에는 화면의 크기를 확대하거나 축소하며 작업하는 것이 좋습니다.

07 **03~06**과 같은 방법으로 여러 가지 놀이 시설도 놀이공원에 추가해 보아요.

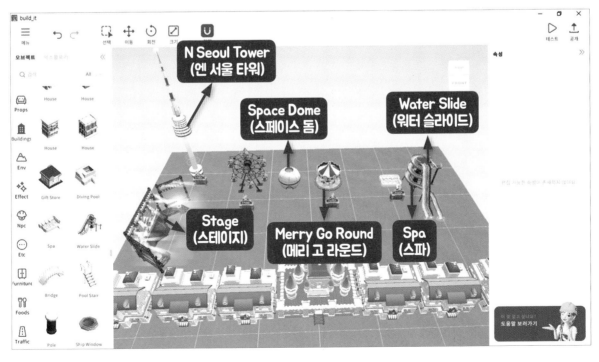

01 [익스플로러]-[지형]에서 [물] 지형 브러쉬를 선택해요. 이어서 브러쉬 크기를 '10'으로 변경하고, 워터 슬라이드가 설치된 지형을 마우스 왼쪽 버튼으로 색칠하듯 드래그해 보아요.

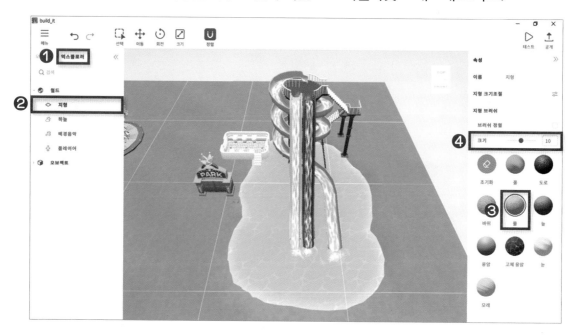

02 길을 따라 놀이 시설로 이동할 수 있도록 [바위] 지형 브러쉬를 선택해요. 이어서 브러쉬 크기를 '2'로 바꾼 후, 마우스 왼쪽 버튼으로 드래그하여 길을 만들어요.

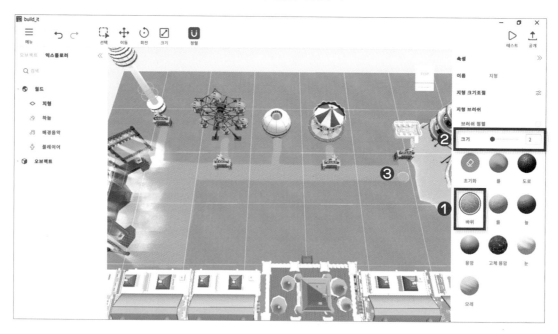

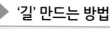 **Tip** **'길' 만드는 방법**

'길' 모양의 지형을 만들 때에는 붓으로 선을 긋는 것과 같은 느낌으로 마우스를 드래그하여 연결합니다.

⟩⟩⟩⟩⟩⟩⟩

01 [오브젝트]-[Env]에서 '놀이공원'과 어울리는 오브젝트를 찾아 꾸며 보아요.

02 [오브젝트]-[Traffic(트래픽)]과 [Buildings]에서 마음에 드는 오브젝트를 찾아 놀이공원을 꾸며 보아요.

 월드 자유롭게 꾸미기

[Traffic]과 [Buildings] 외에 다른 오브젝트를 사용하여 놀이 공원을 자유롭게 꾸며 봅니다.

완성한 월드 테스트하기 >>>>>

01 [Spawn]에서 마음에 드는 'Spawn'을 선택해요. 그리고 월드를 플레이했을 때 캐릭터가 나타날 위치를 정해 클릭한 후, [테스트]를 클릭해요.

02 마우스와 키보드의 W A S D 키, Spacebar 키를 이용하여 [월드]를 테스트해 보아요.

03 테스트가 끝나면 키보드에서 Esc 키를 눌러 테스트를 종료해요.

04 [메뉴]-[저장]을 클릭하여 [맵 이름]을 입력한 후, [저장]을 클릭해요.

단단한 인테리어 디자이너

제페토에서 '나'는 유명한 인테리어 전문가!

파티룸, 카페, 콘서트 무대, 전시관 등의
공간을 단 하나뿐인 특별한 공간으로 만들 수 있는
인테리어 디자이너가 되어 보아요.

17 핼러윈 파티 룸

18 음악 카페

19 콘서트 무대

20 사진 전시관

17 핼러윈 파티 룸 인테리어하기

학습목표

▶ 오브젝트를 추가하고 속성에서 값을 변경하여 방을 만들어 봅니다.
▶ 오브젝트로 '핼러윈 파티'와 어울리는 인테리어를 해 봅니다.
▶ 완성한 '핼러윈 피티 룸' 공간을 테스트 해 봅니다.

10월 31일이 되면 모두가 기다리던 핼러윈 파티가 열려요. 핼러윈은 겨울의 시작을 맞이하는 축제의 날인데요. 이 날에 어린이들은 우스꽝스러운 복장이나 귀신 복장을 하고 이웃에게 사탕이나 과자를 얻는 행사를 해요. 제페토에도 친구들과 함께 핼러윈을 즐길 파티 룸이 있으면 좋을 것 같은데요. 우리 함께 유령이 출몰하는 으스스한 핼러윈 파티 룸을 만들어 보아요.

1 '벽'으로 방 만들기

01 [ZEPETO BUILD IT] 프로그램을 실행해요. 그리고 [계정 로그인]에서 이메일과 비밀번호를 입력한 후, [완료]를 클릭하여 접속해요.

02 빈 공간을 선택하기 위해 [새로 만들기]-[Plan]을 클릭해요.

03 사각형 룸을 만들기 위해 [Cube(큐브)]에서 'Rainbow(레인보우)'를 찾아 [월드]에 클릭해 넣어요.

04 키보드에서 [Esc] 키를 눌러 선택되어 있는 오브젝트를 해제해요.

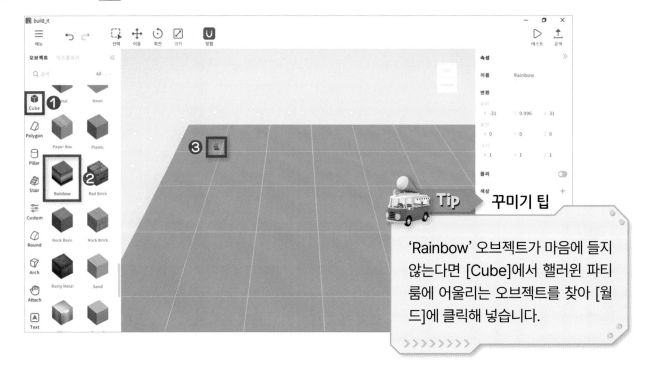

Tip 꾸미기 팁

'Rainbow' 오브젝트가 마음에 들지 않는다면 [Cube]에서 핼러윈 파티 룸에 어울리는 오브젝트를 찾아 [월드]에 클릭해 넣습니다.

05 [월드]에서 마우스 휠을 위쪽으로 밀어 화면을 확대해요.

06 [월드]에 추가한 'Rainbow' 오브젝트를 선택한 후, [속성]에서 크기를 'X : 10, Y : 0.5, Z : 10'으로 바꾸어요.

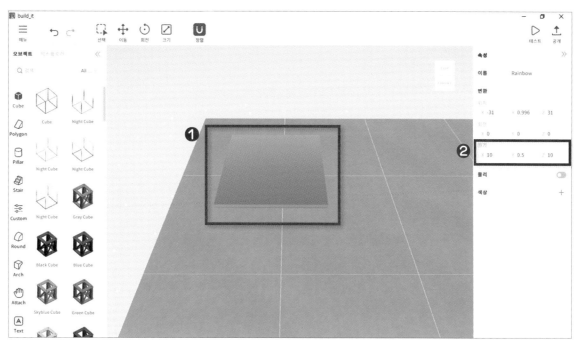

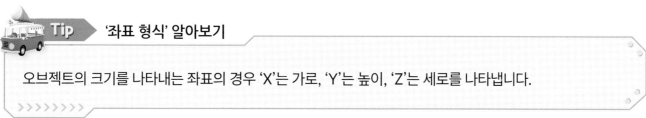

Tip '좌표 형식' 알아보기

오브젝트의 크기를 나타내는 좌표의 경우 'X'는 가로, 'Y'는 높이, 'Z'는 세로를 나타냅니다.

07 'Rainbow' 오브젝트의 위치를 다음 그림과 같이 이동시키기 위해 [속성]에서 위치를 'X : -35, Y : 1, Z : 35'로 바꾸어요.

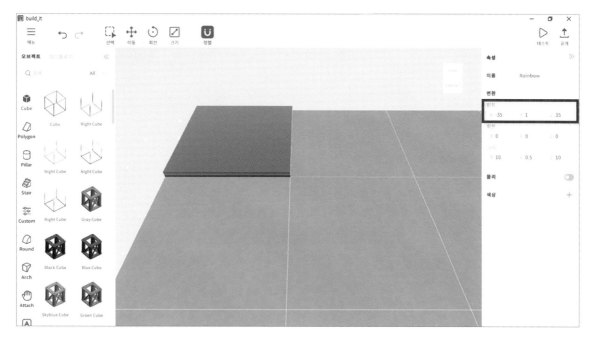

08 벽을 만들기 위해 다시 [Cube]에서 'Rainbow'를 찾아 [월드]에 클릭한 후 Esc 키를 눌러요.

09 [월드]에 추가한 'Rainbow' 오브젝트를 선택한 후, [속성]에서 크기를 'X : 0.3, Y : 5, Z : 10'으로, 위치를 'X : -40, Y : 1, Z : 35'로 바꾸어요.

10 **08~09**와 같은 방법으로 'Rainbow' 오브젝트를 이용하여 벽 2개를 더 추가해요.

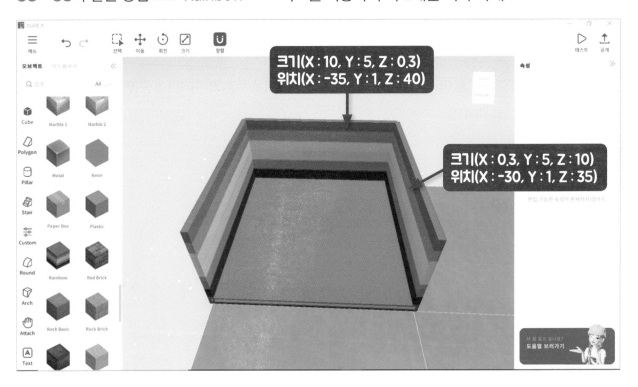

크기(X : 10, Y : 5, Z : 0.3)
위치(X : -35, Y : 1, Z : 40)

크기(X : 0.3, Y : 5, Z : 10)
위치(X : -30, Y : 1, Z : 35)

2 핼러윈 파티 룸으로 인테리어하기

01 [Props(프롭스:소품)]에서 'Dish(디쉬)'를 찾아 월드에 클릭한 후, Esc 키를 눌러요.

02 [월드]에 추가한 'Dish' 오브젝트를 선택한 후 [속성]에서 크기를 'X : 35, Y : 1, Z : 35'로, 위치를 'X : -35, Y : 1.5, Z : 35'로 바꾸어요.

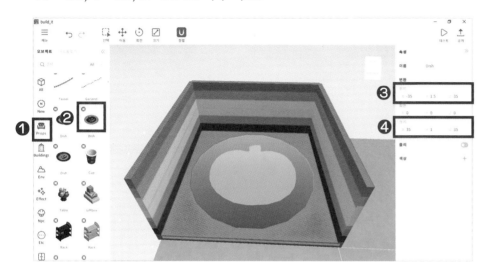

03 [Props]에서 'Balloon(벌룬)'을 찾아 월드에 클릭한 후, Esc 키를 눌러요.

04 [월드]에 추가한 'Balloon' 오브젝트를 선택한 후 [속성]에서 크기값을 'X : 2, Y : 2, Z : 1'로, 위치값을 'X : -35, Y : 4, Z : 39'로 바꾸어요.

05 [Props]에서 핼러윈과 어울리는 'Balloon'과 'Balloons'를 찾아 [월드]를 꾸며 보아요.

06 [Props]에서 마음에 드는 'Table(테이블)'과 'Chair(체어)'를 찾아 [월드]를 꾸며 보아요.

07 **05~06**과 같이 '핼러윈 파티 룸'에 어울리는 오브젝트를 찾아 자유롭게 꾸며 보아요.

01 [Spawn]에서 마음에 드는 'Spawn'을 선택해요. 그리고 [월드]를 플레이했을 때 캐릭터가 나타날 위치를 정해 클릭한 후, [테스트]를 클릭해요.

메타Tip **Spawn의 위치**

'Spawn'은 1개의 월드에 1개만 배치할 수 있습니다. 'Spawn'이 룸 안에 위치할 경우 다른 장소가 잘 보이지 않기 때문에 룸 밖에 위치시키는 것이 좋습니다.

02 마우스와 키보드의 W A S D 키, Spacebar 키를 이용하여 [월드]를 테스트해 보아요.

03 테스트가 끝나면 키보드에서 Esc 키를 눌러 테스트를 종료해요.

04 [메뉴]-[저장]을 클릭하여 [맵 이름(인테리어 디자이너)]을 입력한 후, [저장]을 클릭해요.

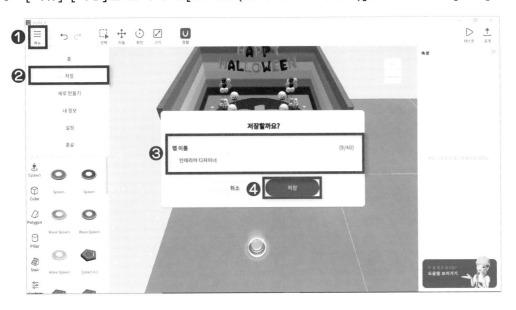

18 음악 카페 인테리어하기

학습목표

▶ 저장된 월드를 불러옵니다.
▶ 오브젝트로 카페 공간을 만들고, 인테리어를 해 봅니다.
▶ 카페 소품인 조명을 추가해 봅니다.
▶ 배경음악을 추가해 봅니다.

음료나 케이크, 디저트 등의 음식을 판매하는 공간인 카페를 만들어 볼까요? 카페에서는 친구와 이야기를 나누거나 책을 읽을 수도 있어요. 또, 생일 파티도 할 수 있는 공간이지요. 제페토에도 친구와 함께 이야기하며 쉴 수 있는 카페가 있으면 좋겠지요? 즐겁고 행복한 시간을 보낼 수 있는 카페를 만들어 보아요.

1 저장된 월드 불러오기

01 [ZEPETO BUILD IT] 프로그램을 실행해요. 그리고 [계정 로그인]에서 이메일과 비밀번호를 입력한 후, [완료]를 클릭하여 접속해요.

02 [월드]를 불러오기 위해 [내가 만든 맵]에서 [인테리어 디자이너]를 클릭해요.

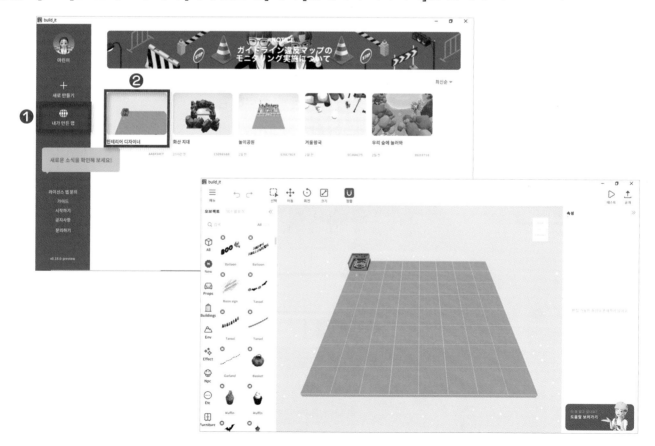

2 카페 공간 만들기

01 [월드]에서 마우스 휠을 위쪽으로 밀어 화면을 확대해요.

02 [Cube]에서 'Cream Brick(크림 브릭)'을 찾아요. 이어서 월드의 1칸 넓이만큼 클릭하여 카페의 '바닥'을 완성해요.

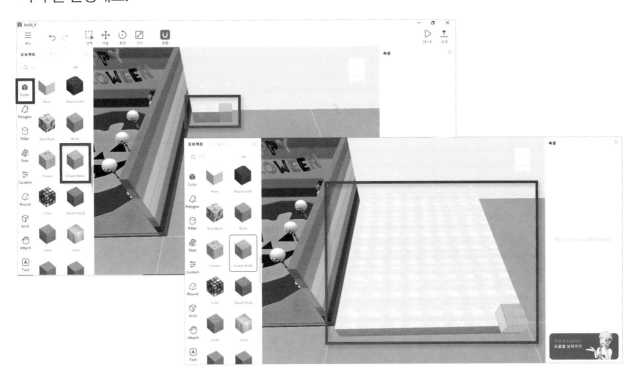

03 [Cube]에서 'Wood1(우드1)'을 찾아요. 이어서 [월드]에 한 칸 한 칸 쌓아올리듯 클릭하여 카페의 '벽'을 완성해요.

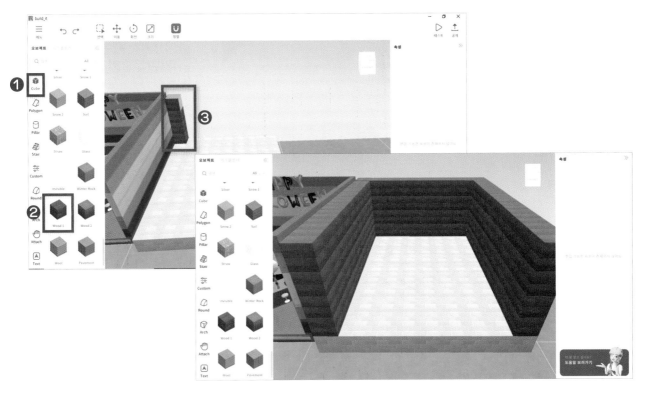

3 카페 인테리어하기 >>>>

01 [Stair(스테어)]에서 'Wood1'을 찾아 [월드]에 클릭한 후, '도구'를 이용하여 카페의 계단을 완성해요.

02 [Props]에서 'Sofa_01(소파_01)'을 찾아 [월드]에 클릭한 후, '도구'의 [회전]과 [이동]으로 소파의 방향과 위치를 변경해요.

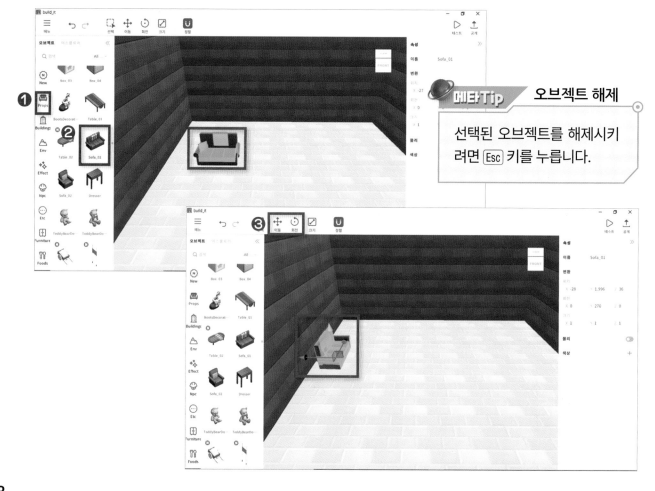

메타Tip 오브젝트 해제

선택된 오브젝트를 해제시키려면 [Esc] 키를 누릅니다.

03 01~02와 같은 방법으로 [Props]에서 'Table_02(테이블_02)'를 선택하여 'Sofa_01' 앞에 클릭한 후, 세로 방향으로 회전시켜요.

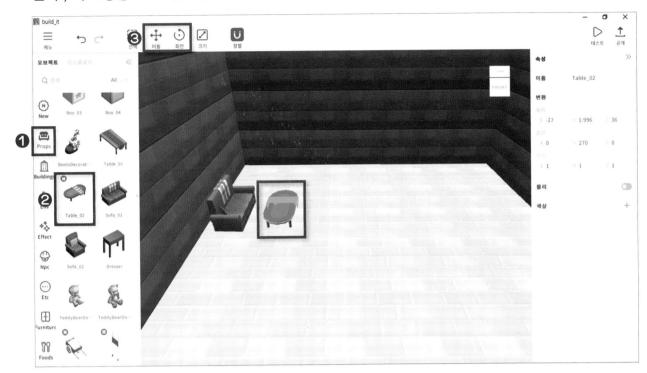

04 01~03과 같은 방법으로 카페에 어울리는 오브젝트를 찾아 카페를 인테리어해요.

🪐 **메타Tip** ▶ **실행 취소 방법**

오브젝트를 잘못 추가했을 때에는 '도구'에서 [되돌리기(↩)] 버튼을 클릭한 후, 다시 추가합니다.

카페 소품 '조명' 추가하기

01 [Props]에서 'Lamp Stand(램프 스탠드)'를 찾은 후, 소파 사이에 클릭해 넣어요.

Tip 오브젝트 추가 방법

오브젝트를 추가할 때에는 화면을 이동시키거나 확대 또는 축소시키면서 정확한 위치를 확인한 후 추가하도록 합니다.

02 [Effect]에서 'Glow(글로우)'를 선택한 후, [월드]의 'Lamp Stand'에 클릭하여 빛을 추가해요.

메타Tip 조명 추가 시 주의 사항

'Lamp Stand'에 'Glow'를 추가할 때에는 카페 안쪽부터 차례대로 클릭하는 것이 좋습니다. 'Glow'를 모두 추가한 후에는 화면을 회전시키며 'Glow'가 잘 적용되었는지 확인합니다.

5 **배경음악 추가하기**

01 [Effect]에서 'Music Note'를 선택한 후 [월드]에 추가된 오브젝트 중에 하나를 클릭하여 음표를 표시해요.

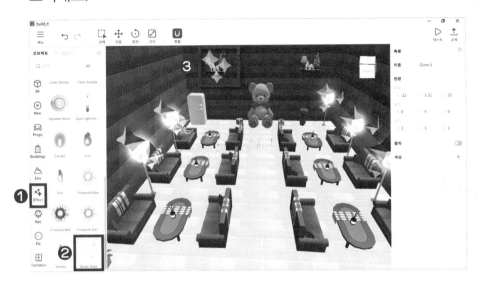

02 [익스플로러]-[배경음악]의 속성에서 음악을 선택한 후 [테스트]를 클릭해요.

03 마우스와 키보드의 W A S D 키, Spacebar 키를 이용하여 [월드]를 테스트해 보아요.

04 테스트가 끝나면 키보드에서 Esc 키를 눌러 테스트를 종료한 후, [메뉴]-[저장]을 클릭해요.

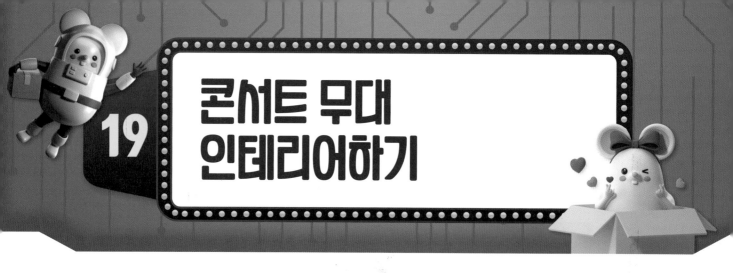

19 콘서트 무대 인테리어하기

학습목표

▶ 저장된 월드를 불러옵니다.
▶ 도시 배경과 조명, 폭죽 오브젝트를 추가해 봅니다.
▶ 무대, 의자, 펜스 오브젝트를 추가해 봅니다.
▶ 상호 작용 오브젝트에 대해 알아봅니다.

가수나 음악가들이 공연하는 것을 본 적이 있나요? 화려한 조명과 신나는 분위기의 무대 위에서 공연하는 인기스타를 한번 떠올려 보세요. 제페토에서도 이러한 콘서트를 열 수 있어요. 여러분이 인테리어한 공간에 인기스타가 와서 공연을 한다면 매우 기쁜 마음이 들 것 같은데요? 여러분의 스타를 초대할 콘서트 무대를 만들어 보아요.

1 저장된 월드 불러오기

01 [ZEPETO BUILD IT] 프로그램을 실행해요. 그리고 [계정 로그인]에서 이메일과 비밀번호를 입력한 후, [완료]를 클릭하여 접속해요.

02 [월드]를 불러오기 위해 [내가 만든 맵]에서 [인테리어 디자이너]를 클릭해요.

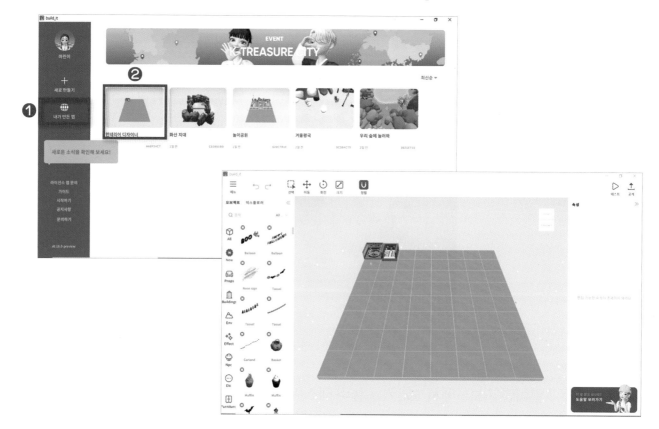

2 도시 배경 추가하기

01 [월드]에서 마우스 휠을 위쪽으로 밀어 화면을 확대해요.

02 [Buildings]에서 'City Skyline(시티 스카이라인)'을 찾아 월드에 클릭한 후 Esc 키를 누릅니다.

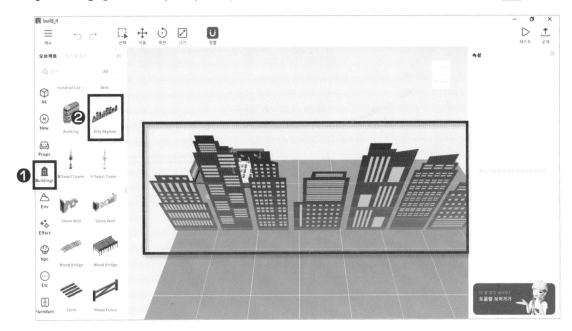

03 [월드]에 추가한 'City Skyline' 오브젝트를 선택한 후, [속성]에서 크기를 'X:0.5, Y:0.5, Z:0.5'로, 위치를 'X:-1, Y:1, Z:40'으로 변경해요.

 Tip

[속성]에서 'City Skyline' 오브젝트의 크기 값을 자유롭게 바꾸어 마음에 드는 모습으로 완성해 봅니다.

3 스팟 조명 설치하기

01 [Effect]에서 'Spot Light Animation(스팟 라이트 애니메이션)'을 찾아 [월드]에 추가되어 있는 'City Skyline' 오브젝트 위에 클릭해요.

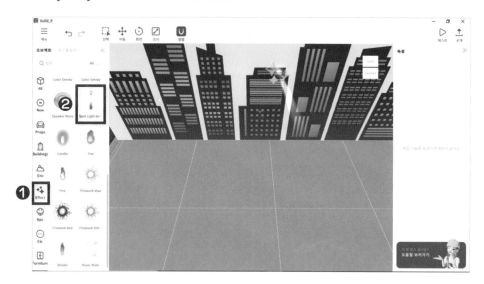

02 [월드]에 추가한 'Spot Light Animation' 오브젝트를 선택한 후, [속성]에서 크기를 'X:2, Y:2, Z:2'로 변경해요.

03 **01~02**와 같은 방법으로 'Spot Light Animation' 오브젝트를 여러 개 추가해 보아요.

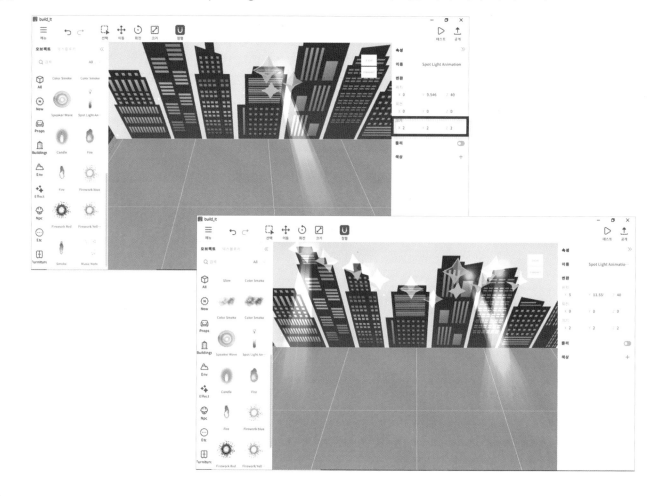

4 폭죽 추가하기

01 [Effect]에서 'FireWork Red(파이어워크 레드)'를 찾아 [월드]에 추가되어 있는 'City Skyline' 오브젝트 앞 바닥에 클릭해 넣어요.

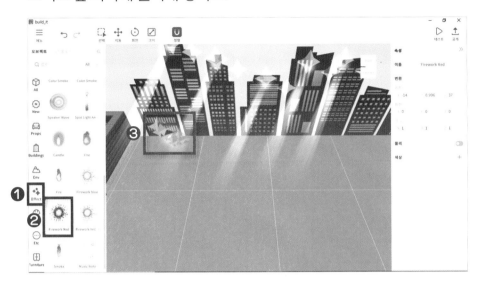

02 [월드]에 추가한 'FireWork Red' 오브젝트를 선택한 후, [속성]에서 크기를 'X:2, Y:5, Z:2'로 변경해요.

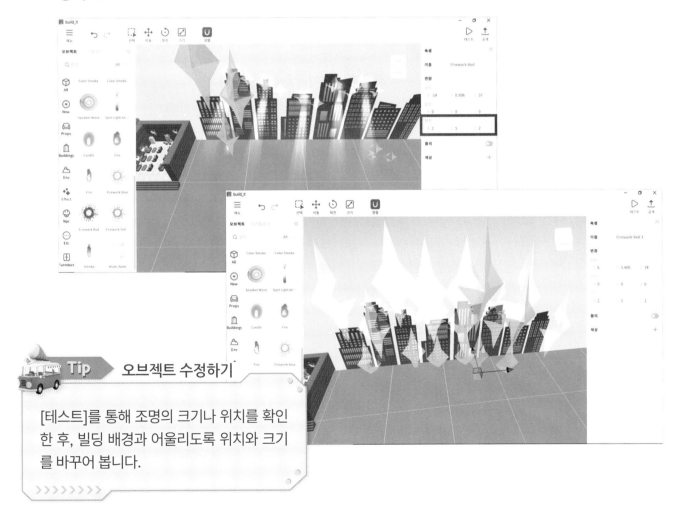

Tip 오브젝트 수정하기

[테스트]를 통해 조명의 크기나 위치를 확인한 후, 빌딩 배경과 어울리도록 위치와 크기를 바꾸어 봅니다.

01 [Buildings]에서 'Stage(스테이지)'를 찾아 'City Skyline' 오브젝트 앞에 클릭해 넣은 후, Esc 키를 눌러요.

02 [Props]에서 'Bench(벤치)'를 찾아 'Stage' 오브젝트 앞 바닥에 클릭하여 설치해요.

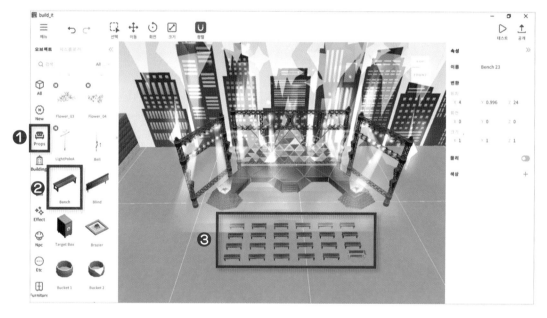

메타Tip 상호 작용 오브젝트

Bench

· 상호 작용 오브젝트에는 톱니바퀴 모양이 있어 일반 오브젝트와 구분됩니다.
· [월드]를 상호 작용 오브젝트로 꾸밀 수도 있습니다.
· [월드]를 실행하는 중에 캐릭터가 상호 작용 오브젝트에 다가가면 상호 작용 표시(◉)가 나타납니다.
· 'Bench'의 경우 Ctrl 키를 누른 채 상호 작용 표시(◉)를 클릭하면, 캐릭터가 의자에 앉는 동작으로 상호 작용 합니다.

6 안전 펜스 설치하기 >>>>

01 [Traffic]에서 'Barrier 2(바리어 2)'를 찾아 'Stage' 오브젝트 앞에 클릭하여 펜스를 설치해요.

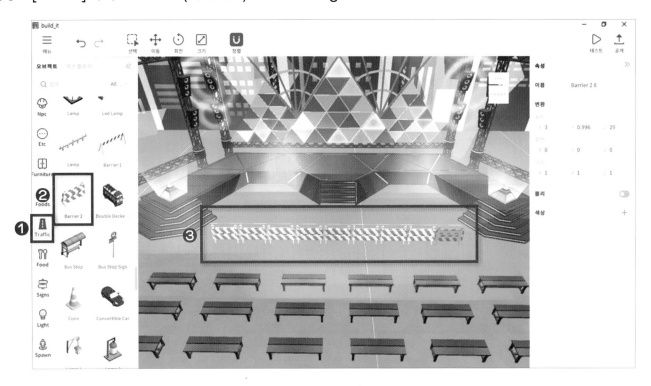

02 인테리어 디자인이 끝나면 [테스트]를 클릭해요.

03 마우스와 키보드의 W A S D 키, Spacebar 키로 [월드]를 테스트해 보아요.

04 테스트가 끝나면 키보드에서 Esc 키를 눌러 테스트를 종료한 후, [메뉴]-[저장]을 클릭해요.

20 사진 전시관 인테리어하기

학습목표

▶ 전시관의 크기를 설계해 봅니다.
▶ 전시할 디스플레이를 선택해 봅니다.
▶ 오브젝트에 이미지를 입혀 사진을 전시해 봅니다.
▶ 완성한 인테리어 맵을 테스트해 봅니다.

미술관이나 박물관에 가 본 적이 있나요? 미술관은 주로 미술품을 전시하고, 박물관은 주로 역사적 유품과 예술품을 전시하는 공간이에요. 여러분도 그림을 그리거나 사진을 찍는 등의 취미 활동을 하지요? 그려 놓은 그림이나 사진을 제페토에 전시해 보는 건 어떨까요? 전시관을 인테리어하고, 친구들과 공유하고 싶은 사진이나 그림을 전시해 보아요.

1 전시관 설계하기 〉〉〉〉

01 [ZEPETO BUILD IT] 프로그램을 실행해요. 그리고 [계정 로그인]에서 이메일과 비밀번호를 입력한 후, [완료]를 클릭하여 접속해요.

02 [월드]를 불러오기 위해 [내가 만든 맵]에서 [인테리어 디자이너]를 클릭해요.

03 [Cube]에서 'Marble 1'과 'Marble 2'를 찾아 다음 그림과 같이 전시관의 크기와 위치를 설정해요.

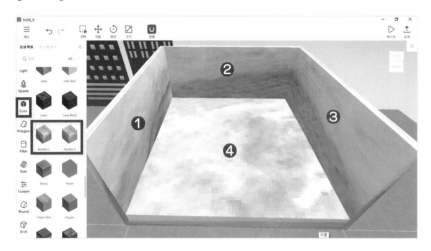

오브젝트 명	Marble 1 (❶ 왼쪽 벽)	Marble 1 (❷ 정면 벽)	Marble 1 (❸ 오른쪽 벽)	Marble 2 (❹ 바닥)
크기	X:0.3, Y:5, Z:10	X:10, Y:5, Z:0.3	X:0.3, Y:5, Z:10	X:10, Y:1, Z:10
위치	X:20, Y:1, Z:35	X:25, Y:1, Z:40	X:30, Y:1, Z:35	X:25, Y:1, Z:35

01 [Custom]에서 'Display(디스플레이)'를 찾아 전시관에 클릭한 후, [Esc] 키를 눌러요.

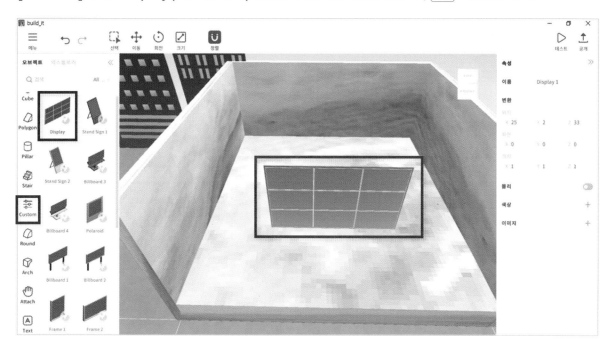

02 [월드]에 추가한 'Display' 오브젝트를 선택한 후, [속성]에서 위치를 'X:25, Y:2.5, Z:39.5'로 바꾸어.

 Tip 오브젝트 크기 변경

'Display' 오브젝트의 속성에서 위치와 크기를 원하는 대로 자유롭게 바꾸어 봅니다.

03 'Display' 오브젝트에 사진을 전시하기 위해 [속성]-[이미지]에서 (+)를 클릭해요.

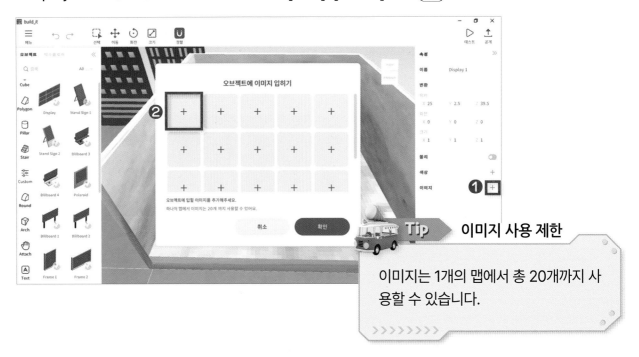

이미지 사용 제한

이미지는 1개의 맵에서 총 20개까지 사용할 수 있습니다.

04 첫 번째 +를 클릭하여 전시할 사진을 불러온 후, [확인]을 클릭해요.

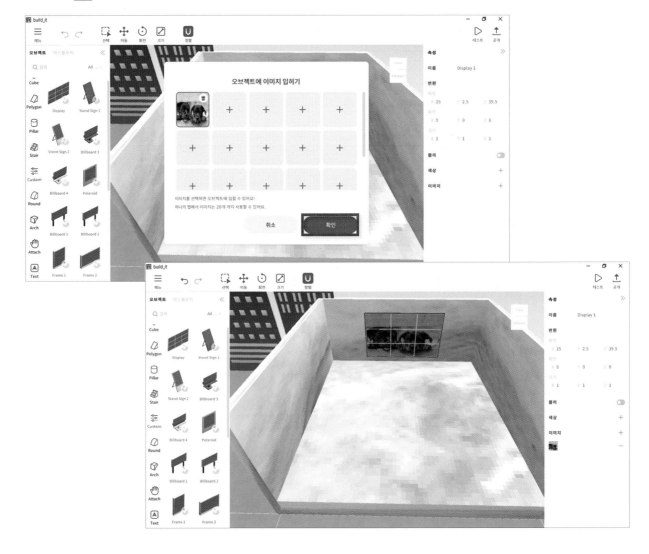

05 [Custom]에서 'Billboard 1(빌보드 1)'을 찾아 전시관 왼쪽 벽쪽에 클릭한 후, Esc 키를 눌러요.

06 '도구'에서 [이동]과 [회전]을 이용하여 'Billboard1'의 방향과 위치를 바꾸어요.

07 'Billboard1'의 [속성]-[이미지]를 클릭하여 사진을 업로드한 후, [확인]을 클릭해요.

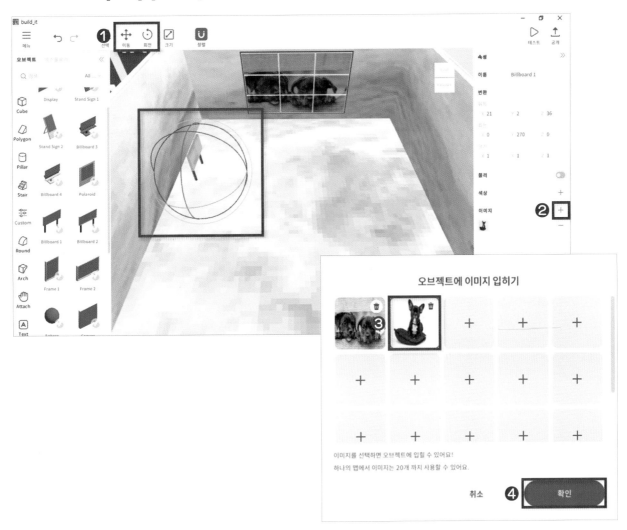

08 05~07과 같은 방법으로 전시관에 사진을 전시해 보아요.

09 전시가 끝나면 전시관에 어울리는 오브젝트를 가져와 전시관을 꾸며 보아요.

10 전시관 디자인이 끝나면 [테스트]를 클릭해요.

11 마우스와 키보드의 W A S D 키, Spacebar 키로 [월드]를 테스트해 보아요.

12 테스트가 끝나면 키보드에서 Esc 키를 눌러 테스트를 종료한 후, [메뉴]-[저장]을 클릭해요.

즐거운 게임 개발자

제페토에서 '나'는 신나는 게임 개발자!

점프 맵, 장애물·자동차 경주 등의 게임 콘텐츠를
나만의 스타일로 직접 개발할 수 있는
게임 개발자가 되어 보아요.

21 [초급] 점프 맵

22 [고급] 점프 맵

23 장애물 경주

24 자동차 경주

21 [초급] 점프 게임 맵 개발하기

학습목표

▶ 플레이어의 시작 위치와 도착 위치를 설정합니다.
▶ 타이머를 추가하여 점프 게임을 만들어 봅니다.
▶ 완성한 점프 게임을 실행해 봅니다.

친구와 함께 온라인에 접속하여 게임을 해 본 적이 있나요? 우리는 주로 스마트폰으로 다양한 게임을 하고 있는데요. 제페토에서는 오브젝트를 이용하여 직접 게임을 만들 수도 있다고 해요. 그럼 신나게 점프하며 도착 지점까지 빨리 달려가는 게임을 만들어 볼까요? 게임 장치 오브젝트를 추가해서 더 멀리 더 높게 점프! 점프! 해 보아요.

1 게임 시작 위치 설정하기

01 [ZEPETO BUILD IT] 프로그램을 실행해요. 그리고 [계정 로그인]에서 이메일과 비밀번호를 입력한 후, [완료]를 클릭하여 접속해요.

02 빈 공간을 선택하기 위해 [새로 만들기]-[Plan]을 클릭해요.

03 [Spawn]에서 마음에 드는 'Spawn'을 찾아 [월드]에 클릭한 후, Esc 키를 눌러 선택되어 있는 오브젝트를 해제해요.

04 [월드]에 추가된 'Spawn' 오브젝트를 선택한 후, [속성]에서 위치를 'X:-30, Y:1, Z:0'로 바꾸어요.

05 [월드]에서 마우스 휠을 위쪽으로 밀어 화면을 확대해요.

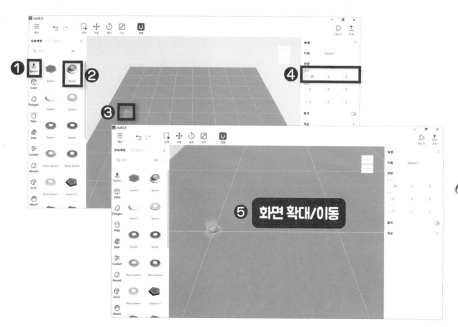

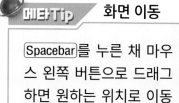

메타Tip 화면 이동

Spacebar를 누른 채 마우스 왼쪽 버튼으로 드래그하면 원하는 위치로 이동할 수 있습니다.

타이머 설치하기

01 [맵 종류]에서 [Jump Stadium(점프 스타디움)]을 선택해요.

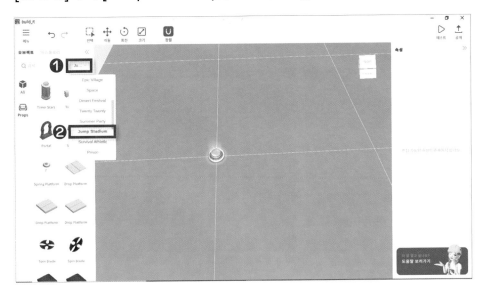

02 [All(올)]에서 'Timer Start(타이머 스타트)'를 선택해요.

03 'Timer Start'를 'Spawn' 오브젝트 앞쪽에 클릭하여 추가해요.

 '타이머' 설치 위치

'Timer Start'는 달리는 플레이어의 길을 막지 않도록 'Spawn' 오브젝트와 나란히 배치하지 않고 비켜서 추가시킵니다.

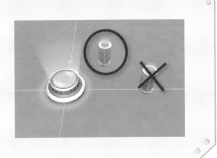

메타Tip 'Timer Start' 오브젝트 상호 작용 방법

'Timer Start'는 상호 작용이 가능한 오브젝트입니다. 'Timer Start'의 상호 작용 버튼(⚙)을 Ctrl 키를 누른 채 클릭하면 타이머가 작동하면서 화면 위쪽에 시간이 나타납니다.

[상호 작용 모습]　　　　　　　　[타이머 작동 모습]

3 점프 맵을 만들기 ≫≫≫

01 [맵 종류]에서 [Survival Athletic(서바이벌 아틀레틱)]을 선택해요.

02 [Props]에서 'Slope A 1(슬로프 A 1)'을 클릭하여 [월드]에 추가한 후, Esc 키를 눌러 선택되어 있는 오브젝트를 해제해요.

03 화면을 축소한 후 [월드]에 추가한 'Slope A 1'를 선택해요. 그리고 '도구'에서 [이동]과 [회전]을 이용하여 방향과 위치를 다음 그림과 같이 바꾸어요.

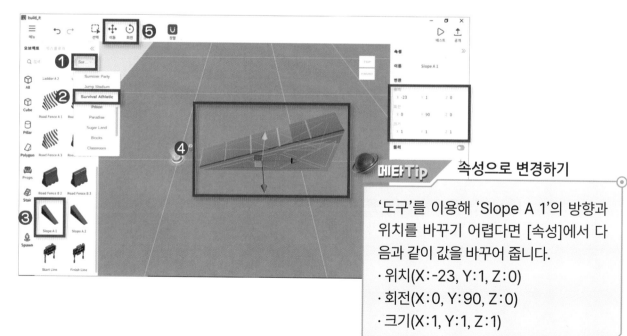

메타Tip 속성으로 변경하기

'도구'를 이용해 'Slope A 1'의 방향과 위치를 바꾸기 어렵다면 [속성]에서 다음과 같이 값을 바꾸어 줍니다.
· 위치(X:-23, Y:1, Z:0)
· 회전(X:0, Y:90, Z:0)
· 크기(X:1, Y:1, Z:1)

04 [Props]에서 'Bridge A 1(브리지 A 1)'을 클릭하여 [월드]에 추가한 후, Esc 키를 눌러 선택되어 있는 오브젝트를 해제해요.

05 [월드]에 추가된 'Bridge A 1'를 선택한 후, [도구]에서 [이동]과 [회전]을 이용하여 다음과 같이 방향과 위치를 바꾸어 보아요.

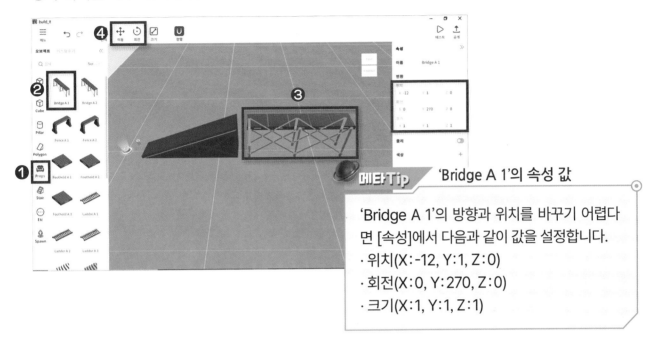

메타Tip **'Bridge A 1'의 속성 값**

'Bridge A 1'의 방향과 위치를 바꾸기 어렵다면 [속성]에서 다음과 같이 값을 설정합니다.
· 위치(X:-12, Y:1, Z:0)
· 회전(X:0, Y:270, Z:0)
· 크기(X:1, Y:1, Z:1)

06 [Props]에서 'Foothold A 1(풋홀드 A 1)'을 선택해요. 이어서 [월드]에 추가되어 있는 'Bridge A1' 오브젝트 위에 클릭한 후, Esc 키를 눌러 선택되어 있는 오브젝트를 해제해요.

07 [월드]에 추가한 'Foothold A 1'를 선택한 후, '도구'의 [이동]을 이용하여 다음 그림과 같이 위치를 앞으로 이동시켜요.

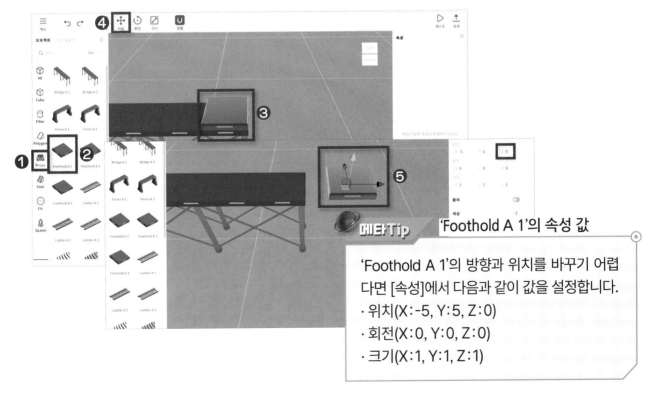

메타Tip **'Foothold A 1'의 속성 값**

'Foothold A 1'의 방향과 위치를 바꾸기 어렵다면 [속성]에서 다음과 같이 값을 설정합니다.
· 위치(X:-5, Y:5, Z:0)
· 회전(X:0, Y:0, Z:0)
· 크기(X:1, Y:1, Z:1)

08 06~07과 같은 방법으로 다음 그림과 같이 '점프 맵'을 완성해요.

Tip 'Foothold A 1' 설치 간격

점프할 수 있는 발판끼리의 간격을 넓게 하면 점프 동작을 하다가 바닥으로 떨어질 수 있으므로 간격을 너무 넓지 않게 설치합니다.

4 도착 지점 설치하기

01 [맵 종류]에서 [Jump Stadium]을 선택해요.

02 [All]에서 'Timer Finish'를 클릭한 후, 마지막으로 설치한 'Foothold A 1' 오브젝트 위에 추가해요. 그리고 '도구'의 [이동]과 [회전]을 이용하여 다음 그림과 같이 방향과 위치를 바꾸어요.

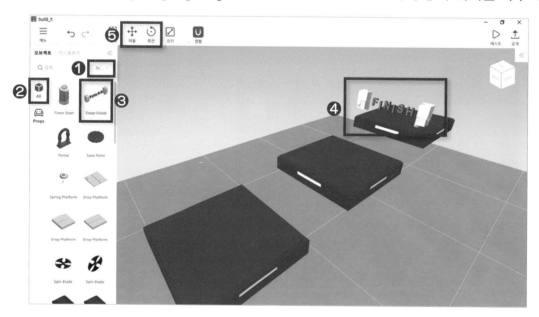

메타Tip 반응 확인

· 'Timer Finish(타이머 피니쉬)' 오브젝트는 플레이어가 'Timer Finish' 오브젝트를 통과해야 반응합니다.
· 플레이어가 'Timer Finish'를 통과하면 'Timer Start(타이머 스타트)'는 사라집니다.

5 '점프 게임' 맵 테스트하기

01 점프 게임 맵이 완성되면 [테스트]를 클릭한 후, 마우스와 키보드의 W A S D 키, Spacebar 키로 테스트해 보아요.

02 테스트가 끝나면 키보드에서 Esc 키를 눌러 테스트를 종료해요. 그리고 [메뉴]-[저장]을 클릭하여 맵 이름을 입력하고 [저장]해요.

22 [고급] 점프 게임 맵 개발하기

학습목표

▶ 플레이어의 시작과 도착 위치를 설정합니다.
▶ 움직이는 오브젝트를 이용하여 점프 게임을 만들어 봅니다.
▶ Save Point과 Portal을 설치해 봅니다.
▶ 완성한 점프 게임을 실행해 봅니다.

점프 맵에 사용할 수 있는 오브젝트 중에는 사라졌다 나타나고, 밟으면 바닥이 열리는 등 재미있게 움직이는 오브젝트가 있습니다. 초급 점프 게임보다 좀 더 활동적이고 재미있는 게임을 만들기 위해서는 다양한 오브젝트를 사용하면 좋은데요. 이렇게 하면 게임의 난이도가 높아지겠죠? 이번에는 게임 요소가 다양한 고급 점프 게임을 만들어 보아요.

1 게임 시작 위치 설정하기

01 [ZEPETO BUILD IT] 프로그램을 실행해요. 이어서 [계정 로그인]에서 이메일과 비밀번호를 입력한 후, [완료]를 클릭하여 접속해요. 그리고 빈 공간을 선택하기 위해 [새로 만들기]-[Plan]을 클릭해요.

02 [Spawn]에서 마음에 드는 'Spawn'을 찾아 [월드]에 클릭한 후, Esc 키를 눌러 선택을 해제해요.

03 [월드]에 추가된 'Spawn' 오브젝트를 선택한 후, [속성]에서 위치를 'X:-30, Y:1, Z:0'로 변경해요.

04 [월드]의 화면을 확대한 후 [맵 종류]에서 [Survival Athletic]을 선택해요.

05 [Stair]에서 'Stair A 3'을 선택한 후, 'Spawn' 오브젝트 앞에 추가하고 방향을 회전해요.

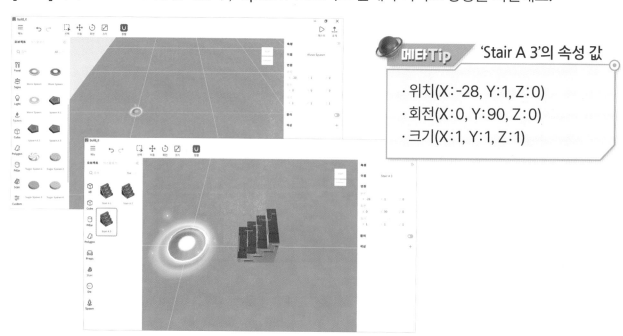

메타Tip 'Stair A 3'의 속성 값

· 위치(X:-28, Y:1, Z:0)
· 회전(X:0, Y:90, Z:0)
· 크기(X:1, Y:1, Z:1)

움직이는 점프 맵 만들기

01 [Props]에서 'Foothold A 1'을 선택한 후, 'Stair A 3' 오브젝트 옆에 클릭해요.

02 'Foothold A 1' 오브젝트를 '도구'의 [이동]을 이용하여 공중에 뜨도록 이동시켜요.

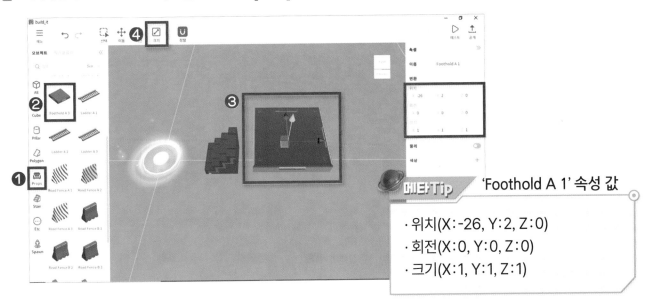

메타Tip 'Foothold A 1' 속성 값

· 위치(X:-26, Y:2, Z:0)
· 회전(X:0, Y:0, Z:0)
· 크기(X:1, Y:1, Z:1)

03 [맵 종류]에서 [Jump Stadium]을 선택해요.

04 [Props]에서 'Elevator Platform(엘리베이터 플랫폼)'을 선택한 후, 'Foothold A 1' 오브젝트 위에 마우스 포인터를 올린 후 클릭해요.

05 Esc 키를 눌러 선택되어 있는 오브젝트를 해제해요.

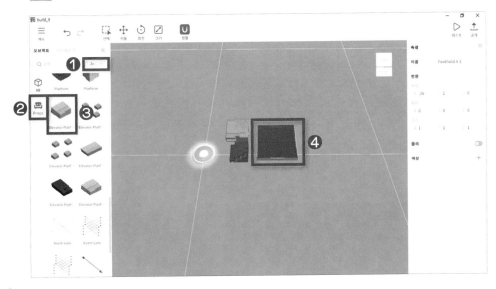

 Tip 움직이는 오브젝트 이해하기

'Elevator Platform'은 움직이는 오브젝트이므로 클릭한 위치에 추가되지 않을 수도 있습니다. 'Foothold A 1'과 같은 위치에 넣으려면 [속성]에서 위치 값을 확인한 후, 'Elevator Platform'에 적용합니다.

06 'Elevator Platform'의 방향과 위치를 바꾸기 위해 [속성] 값을 바꾸어요.

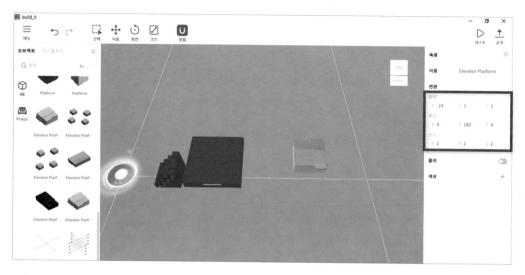

Tip X,Y,Z 좌표 확인

· X : 'Elevator Platform'의 가로 위치 변경
· Y : 'Elevator Platform'의 높이 변경
· Z : 'Elevator Platform'의 세로 위치 변경

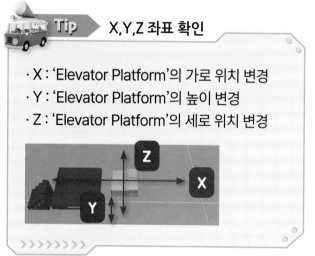

메타Tip 'Elevator Platform' 속성 값

· 위치(X:-24, Y:2, Z:1)
· 회전(X:0, Y:180, Z:0)
· 크기(X:2, Y:1, Z:2)

07 [월드]에 추가된 'Foothold A 1' 오브젝트를 선택한 후, 마우스 오른쪽 버튼을 클릭하여 [복제]를 선택해요.

08 'Elevator Platform'이 이동하는 거리 끝 부분으로 'Foothold A 1' 오브젝트를 이동시킨 후, [속성]에서 Y의 위치 값을 '2'로 변경해요.

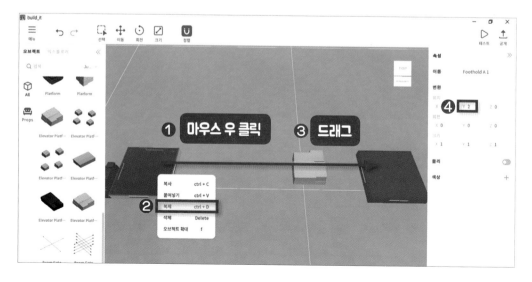

09 [Props]에서 'Foothold A 1'를 추가하며, 다음 그림과 같이 점프 맵의 모습으로 만들어요.

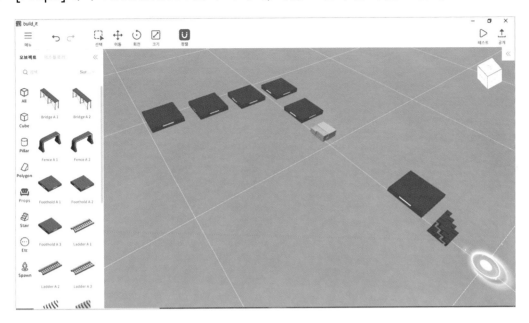

10 앞에서 추가했던 방법과 같이 'Elevator Platform' 오브젝트를 1개 더 추가해 보아요.

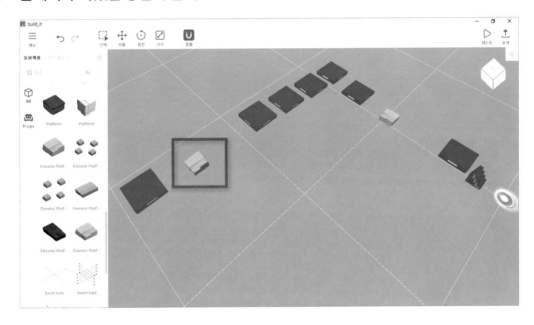

🪐 **메타Tip** 움직이는 오브젝트 알아보기

	이름	기능
	Fading Platform	시간이 지나면 사라졌다 나타나는 오브젝트
	Drop Platform	밟으면 바닥이 열리는 오브젝트
	Elevator Platform	이동하는 오브젝트
	Platform	일반 오브젝트

3 'Portal'을 통과하면 바로 갈 수 있는 'Save Point' 만들기 〉〉〉

01 [Props]에서 'Save Point'를 선택한 후, 점프 맵 중간 지점에 위치한 'Foothold A 1' 위에 클릭해 넣어요.

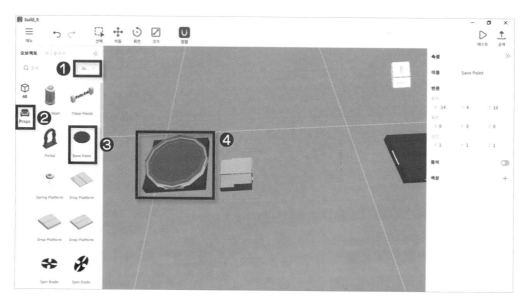

02 시작 위치로 돌아와 [Props]에서 'Portal'를 선택한 후, 'Spawn' 오브젝트 주변에 추가해요.

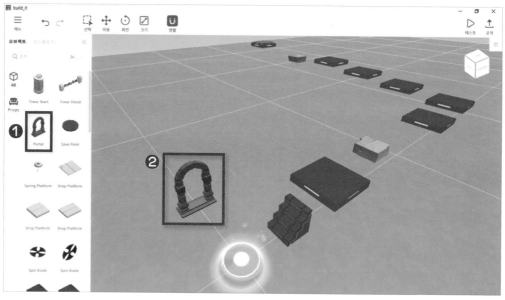

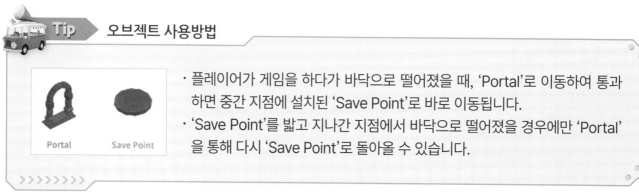

Tip   오브젝트 사용방법

· 플레이어가 게임을 하다가 바닥으로 떨어졌을 때, 'Portal'로 이동하여 통과하면 중간 지점에 설치된 'Save Point'로 바로 이동됩니다.
· 'Save Point'를 밟고 지나간 지점에서 바닥으로 떨어졌을 경우에만 'Portal'을 통해 다시 'Save Point'로 돌아올 수 있습니다.

4 점프 맵 완성하기

01 [맵 종류]-[Jump Stadium]과 [Survival Athletic]의 오브젝트를 이용하여 점프 게임을 완성해요.

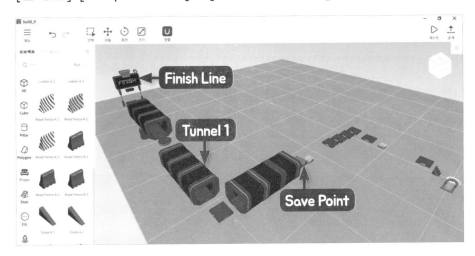

메타Tip 오브젝트 활용

[Survival Athletic]-[Etc]의 오브젝트는 장애물이나 박스, 발판, 터널 등이 설치되는 점프 게임을 만들 때에 유용하게 쓰입니다. 오브젝트를 살펴본 후, 마음에 드는 오브젝트를 설치하여 '점프 게임 맵'으로 완성해 봅니다.

02 '점프 게임 맵'이 완성되면 [테스트]를 클릭해요. 그리고 마우스와 키보드의 W A S D 키, Spacebar 키로 테스트해 보아요.

03 테스트가 끝나면 키보드에서 Esc 키를 눌러 테스트를 종료해요. 그리고 [메뉴]-[저장]을 클릭하여 맵 이름을 입력하고 [저장]해요.

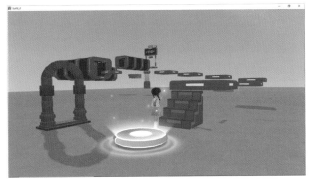
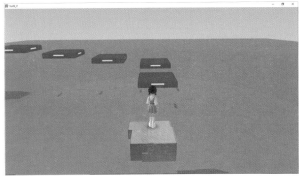
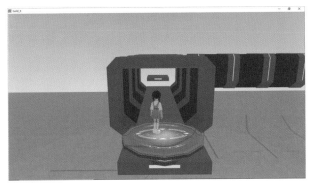

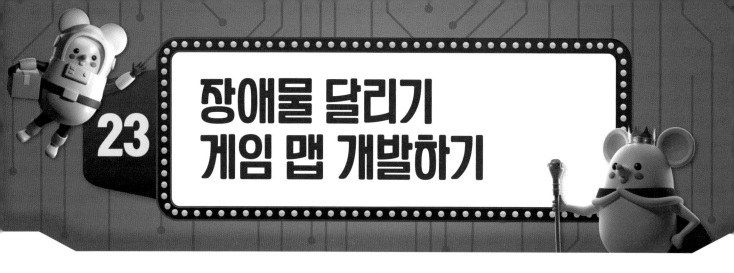

23 장애물 달리기 게임 맵 개발하기

학습목표

▶ 완성된 'City 맵'을 활용하여 장애물 달리기 게임 맵을 만들어 봅니다.
▶ 시작 지점과 끝 지점을 나타내는 오브 젝트를 추가합니다.
▶ 다양한 장애물 오브젝트를 추가하여 게임을 완성시킵니다.
▶ 장애물 달리기 게임을 실행해 봅니다.

장애물 게임을 해 본적이 있나요? 출발 지점과 끝 지점을 정하고 장애물을 피하며 무사히 도착하면 되는 게임이지요. 체육 시간이나 온라인 게임을 통해서 많이 해 봤을 거예요. 제페토에서는 뭐든지 만들 수 있으니 장애물에 걸리면 처음부터 다시 시작하는 장애물 게임을 만들어 보면 어떨까요? 달리기 게임이니 시간을 측정할 수 있게 하고, 재미있는 장애물도 추가하여 맵을 완성해 보아요.

1 'City 맵' 활용하기

01 [ZEPETO BUILD IT] 프로그램을 실행해요. 그리고 [계정 로그인]에서 이메일과 비밀번호를 입력한 후, [완료]를 클릭해요.

02 'City 맵'을 활용하기 위해 [새로 만들기]-[City]를 클릭해요.

03 [Spawn]에서 마음에 드는 'Spawn'을 찾아 월드에 클릭해요.

04 Esc 키를 눌러 선택되어 있는 오브젝트를 해제해요.

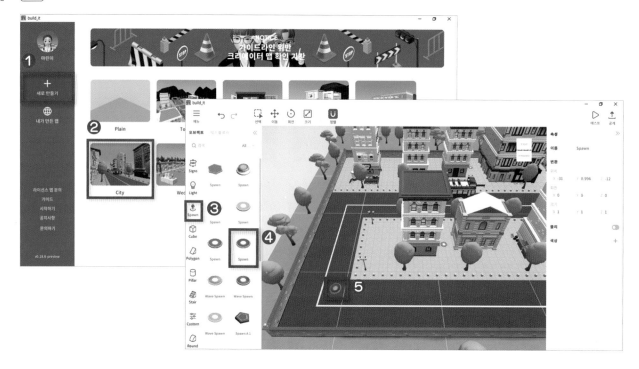

시작 지점과 끝 지점 추가하기

01 [맵 종류]에서 [Jump Stadium]을 선택해요.

02 [Props]에서 'Timer Start'를 선택한 후, 'Spawn' 오브젝트 앞에 추가해요.

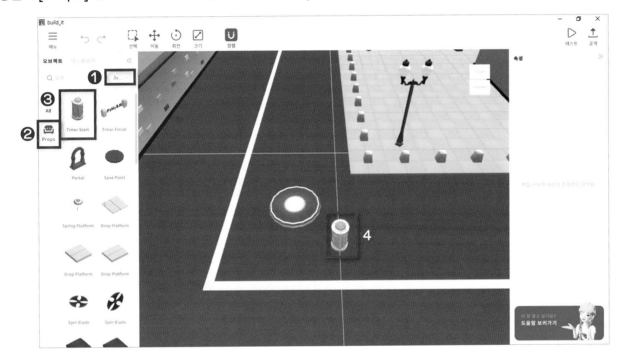

 오브젝트 사용 방법

'Timer Start'는 게임을 할 때 걸리는 시간을 화면 위쪽에 나타내 줍니다.

03 [Props]에서 'Timer Finish'를 선택한 후, 'Timer Start' 오브젝트의 반대쪽 길에 추가해요.

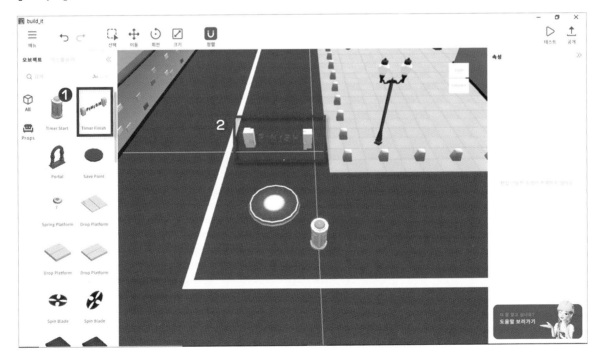

3 장애물 설치하기 ⟫⟫⟫

01 [Props]에서 'Beam(빔)'을 선택한 후, 'Timer Start' 오브젝트 위에 클릭해 넣어요.

02 Esc 키를 눌러 선택되어 있는 오브젝트를 취소해요.

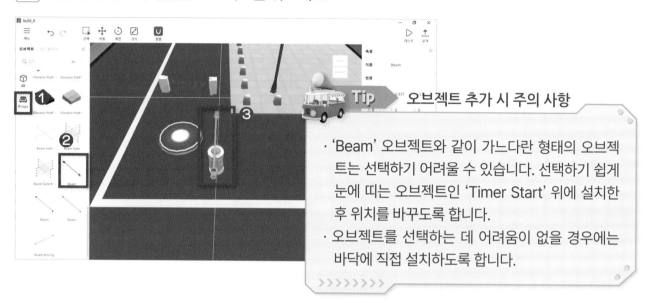

Tip 오브젝트 추가 시 주의 사항

· 'Beam' 오브젝트와 같이 가느다란 형태의 오브젝트는 선택하기 어려울 수 있습니다. 선택하기 쉽게 눈에 띠는 오브젝트인 'Timer Start' 위에 설치한 후 위치를 바꾸도록 합니다.

· 오브젝트를 선택하는 데 어려움이 없을 경우에는 바닥에 직접 설치하도록 합니다.

03 'Beam'의 [속성]에서 위치(X:-25, Y:1.5, Z:-12.5)를 변경해요.

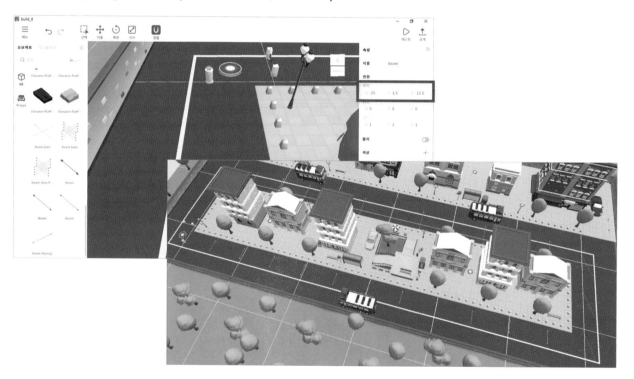

04 'Beam' 오브젝트를 복제한 후, 위치를 다음과 같이 바꾸어 장애물 10개를 더 설치해요.

1	X:-20, Y:1.5, Z:-12.5	2	X:-15, Y:1.5, Z:-12.5	3	X:-10, Y:1.5, Z:-12.5	4	X:-5, Y:1.5, Z:-12.5	5	X:0, Y:1.5, Z:-12.5
6	X:5, Y:1.5, Z:-12.5	7	X:10, Y:1.5, Z:-12.5	8	X:15, Y:1.5, Z:-12.5	9	X:20, Y:1.5, Z:-12.5	10	X:25, Y:1.5, Z:-12.5

05 [Props]에서 'Beam Gate'을 선택한 후, 'Timer Start' 오브젝트 위에서 클릭해요.

06 Esc 키를 눌러 선택되어 있는 오브젝트를 취소해요.

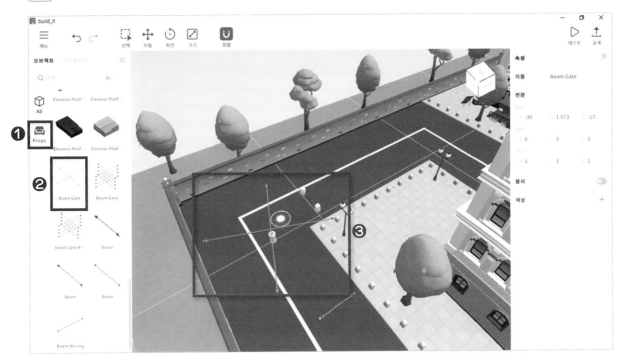

07 'Beam Gate'의 [속성]에서 크기(X:0.5, Y:0.5, Z:0.5)와 위치(X:30.5, Y:1.5, Z:-12.5)를 변경해요.

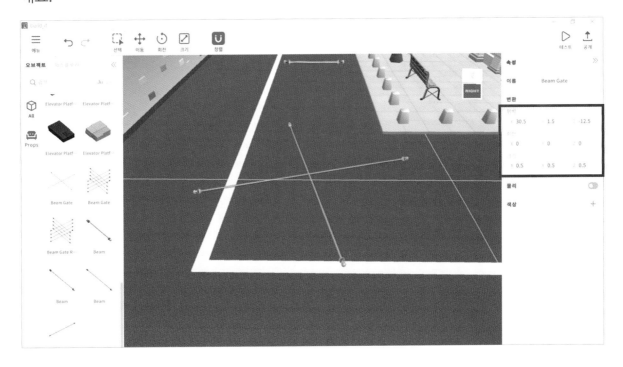

08 **05~07**과 같은 방법으로 'Beam Gate'를 2개 더 설치해요.

	1		2	
크기	1	X:0.5, Y:0.5, Z:0.5	2	X:0.5, Y:0.5, Z:0.5
위치	1	X:30.5, Y:1.5, Z:-6.5	2	X:30.5, Y:1.5, Z:-0.5

09 [Props]에서 'Beam Moving(빔 무빙)'을 선택한 후, 'Timer Start' 오브젝트 위에서 클릭해요.

10 Esc 키를 눌러 선택되어 있는 오브젝트를 취소해요.

11 'Beam Moving'의 [속성]에서 위치(X : -25, Y : 1, Z : 0.5)를 변경해요.

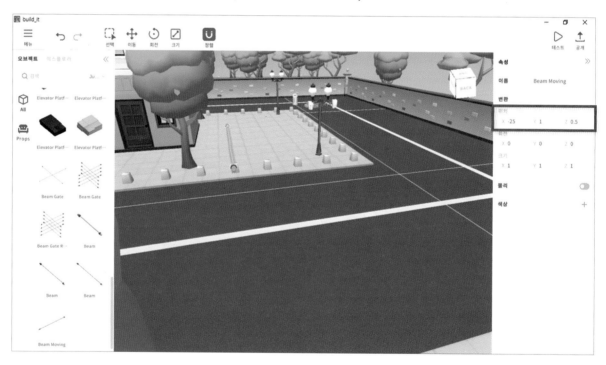

12 **09~11**과 같은 방법으로 위치를 바꾸어 'Beam Moving' 오브젝트 장애물 10개를 더 설치해요.

1 X : -20, Y : 1, Z : 2	**2** X : -15, Y : 1, Z : 2	**3** X : -10, Y : 1, Z : 2	**4** X : -5, Y : 1, Z : 2	**5** X : 0, Y : 1, Z : 2
6 X : 5, Y : 1, Z : 2	**7** X : 10, Y : 1, Z : 2	**8** X : 15, Y : 1, Z : 2	**9** X : 20, Y : 1, Z : 2	**10** X : 25, Y : 1, Z : 2

4 **장애물 달리기 게임 테스트하기**

01 '장애물 달리기 게임 맵'이 완성되면 [테스트]를 클릭해요. 그리고 마우스와 키보드의 Ⓦ Ⓐ Ⓢ Ⓓ
키, Spacebar 키로 테스트해 보아요.

02 테스트가 끝나면 키보드에서 Esc 키를 눌러 테스트를 종료해요. 그리고 [메뉴]-[저장]을 클릭하여
맵 이름을 입력하고 [저장]해요.

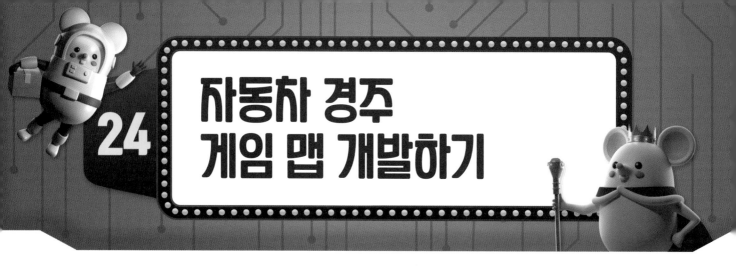

24 자동차 경주 게임 맵 개발하기

학습목표

▶ 도로를 설치하고 꾸며 봅니다.
▶ 시작 지점과 끝 지점을 나타내는 오브젝트를 추가합니다.
▶ 자동차 대여 키오스크를 추가합니다.
▶ 완성된 자동차 경주 게임을 실행해 봅니다.

자동차는 먼 거리를 빠르고 편리하게 이동하기 위해서 쓰여요. 마찬가지로 제페토에서도 먼 거리를 이동할 때에는 자동차를 타고 가는 것이 편리하답니다. 제페토에는 자동차를 빌려주는 '키오스크'가 있습니다. 상상만 해도 재미있지요? 우리 함께 키오스크로 차를 빌려서 자동차 경주 게임을 만들어 보아요.

1 도로 맵 설치하기

01 [ZEPETO BUILD IT] 프로그램을 실행해요. 그리고 [계정 로그인]에서 이메일과 비밀번호를 입력한 후, [완료]를 클릭해요.

02 빈 공간을 선택하기 위해 [새로 만들기]-[Plan]을 클릭해요.

03 [Traffic]에서 'Intersection(인터섹션)'을 찾아 월드에 클릭해요

04 Esc 키를 눌러 선택되어 있는 오브젝트를 해제해요.

05 [월드]에 추가된 'Intersection' 오브젝트를 선택한 후, [속성]에서 위치(X:0, Y:1, Z:0)를 바꾸어요.

06 [월드]에서 마우스 휠을 위쪽으로 밀어 화면을 확대해요.

메타Tip '도로' 꾸미기

[Traffic]에 있는 여러 가지 모양의 도로를 조합하여 도로 모양을 완성할 수도 있습니다.

01 [Traffic]에서 'Roadfence_01(로드펜스_01)'을 찾아 도로가 끊긴 지점에 클릭해 넣어요.

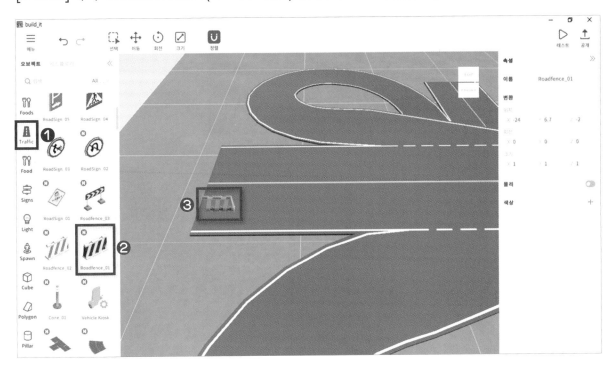

02 '도구'의 [회전]을 이용하여 'Roadfence_01'의 방향을 다음 그림과 같이 회전시켜요.

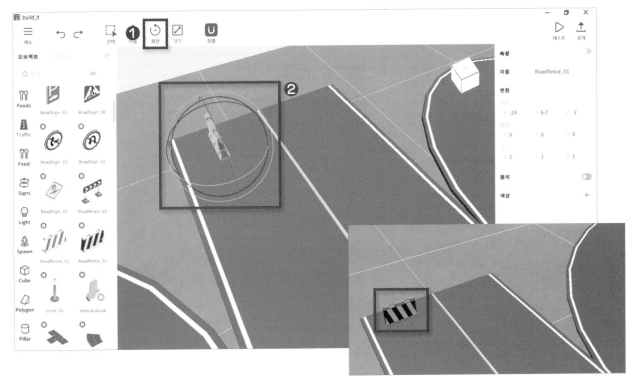

 'Roadfence_01' 속성 바꾸기

마우스로 드래그하여 [회전]하는 것이 어려울 경우, [속성]에서 회전 값을 'Y:90'으로 바꿉니다.

03 **01~02**와 같은 방법으로 'Roadfence_01'를 2개 더 추가해요.

04 끊긴 도로를 모두 찾아 펜스를 추가해 보아요.

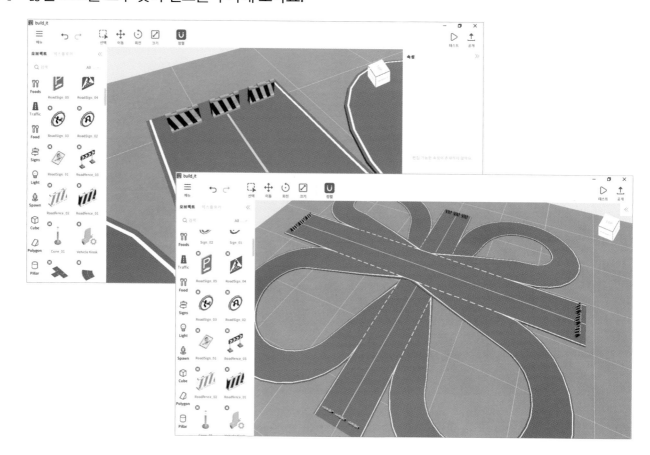

01 [맵 종류]에서 [Summer Party(썸머파티)]를 선택해요. 그리고 [Buildings]에서 마음에 드는 건물을 선택하여 다음 그림과 같이 꾸며 보아요.

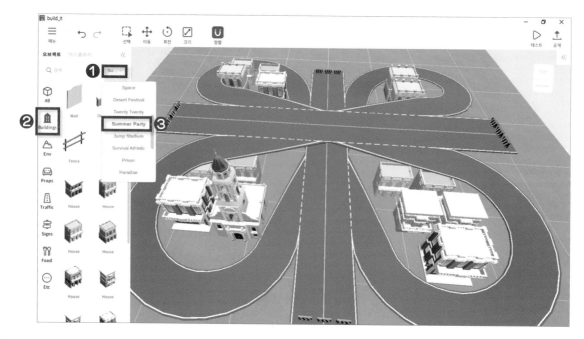

시작과 끝 지점 추가하기 >>>>

01 [맵 종류]에서 [Jump Stadium]을 선택해요. 그리고 [Props]에서 'Timer Start'와 'Timer Finish' 를 찾아 원하는 '시작 위치'와 '끝 위치'에 각각 클릭해 넣어요.

메타Tip **'Timer Finish' 크기 바꾸기**

'Timer Finish'의 크기는 자동차가 통과할 수 있을 만큼 '가로' 크기를 키우도록 합니다.

02 [맵 종류]에서 [All Theme(올 테마)]을 선택한 후, [Spawn]에서 마음에 드는 'Spawn' 찾아 'Timer Start' 오브젝트가 있는 위치에 클릭해 넣어요.

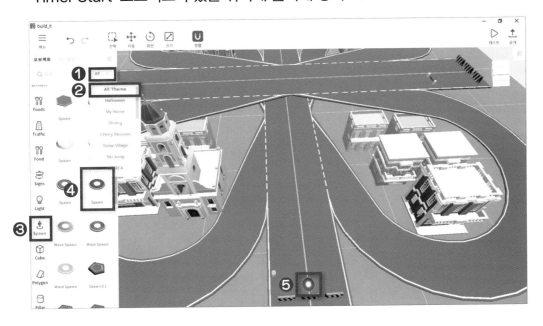

 메타Tip **Timer Start, Timer Finish, Spawn의 위치**

· Timer Start 위치(X:-3, Y:1.2, Z:-22)
· Timer Finish 위치(X:18, Y:6.7, Z:-2)
· Spawn 위치(X:0, Y:1.2, Z:-23)

자동차 대여 '키오스크' 추가하기

01 [맵 종류]에서 [Driving(드라이빙)]을 선택해요. 그리고 [Traffic]에서 'Vehicle Kiosk(비어클 키오스크)'를 찾아 'Spawn' 오브젝트 근처에 클릭한 후, 출발 지점에서 화면이 보이도록 방향을 회전시켜요.

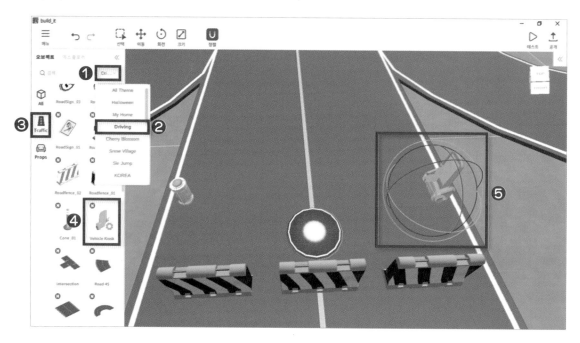

 자동차 경주 게임 테스트하기

01 자동차 경주 맵이 완성되면 [테스트]를 클릭해요. 그리고 마우스와 키보드의 WASD 키, Spacebar 키로 '자동차 경주 게임 맵'을 테스트해 보아요.

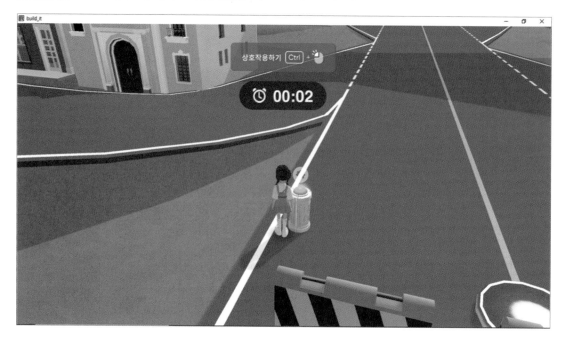

Tip 자동차 빌리기

상호작용 오브젝트를 Ctrl+클릭하면
자동차를 빌릴 수 있습니다.

>>>>>>>

Tip 자동차에서 내리기

키보드에서 G 키를 눌러 자동차에서 내린
후 'Timer Finish'를 통과해도 됩니다.

>>>>>>>

02 테스트가 끝나면 키보드에서 Esc 키를 눌러 테스트를 종료해요. 그리고 [메뉴]-[저장]을 클릭하여
맵 이름을 입력하고 [저장]해요.

나만의 꿈꾸는 세상 '제페토' 월드

제페토에 펼쳐진 나만의 세상을 그려 볼까요?